ARTE E HABILIDADE

Angela Anita Cantele
Bruna Renata Cantele

"Desde pequena, a arte sempre fez parte do meu mundo. Aos 7 anos, pintei minha primeira tela e entre lápis, tintas e pincéis descobri que a expressão, por meio da arte, era meu caminho.
Ao longo dos anos, mergulhei com dedicação e encantamento no estudo da arte, o que, naturalmente, tornou-me educadora e escritora nessa área.
Hoje compartilho, nesta coleção de arte, um pouco do meu olhar e da minha trajetória, unindo conhecimento, paixão e aprendizado."

Angela Anita Cantele

"Aprendi a gostar de arte e história desde pequena. Meu pai me contava histórias e mostrava figuras de arte e dizia que toda história tem arte e toda arte tem história. Lembro-me de quando ganhei um quadro e uma caixa de giz... Brincava de professora e queria ensinar, contar histórias e desenhar. Cresci, me formei em História da Arte e depois em História. É um caso de amor."

Bruna Renata Cantele

8º ANO

4ª edição
São Paulo
2025

IBEP

Coleção Arte e Habilidade
8º ano
Ensino Fundamental

Diretor-presidente Jorge Yunes
Diretora editorial Célia de Assis
Gerente editorial Erika Caldin
Editora de texto Adriane Gozzo
Assistentes editoriais Isabella Mouzinho, Stephanie Paparella
Revisão Yara Affonso, Bruna Jordão
Produção Editorial Elza Mizue Hata Fujihara
Analista de produção gráfica Marcelo Ribeiro
Pesquisa iconográfica Renata Garbellini
Projeto gráfico Aline Benitez
Imagem da capa Solomon R. Guggenheim Museum, New York/Wassily Kandinstry
Diagramação NPublic

Dados Internacionais de Catalogação na Publicação (CIP) de acordo com ISBD

C229a Cantele, Angela Anita
Arte e Habilidade / Angela Anita Cantele, Bruna Renata Cantele. - 4. ed. - São Paulo : IBEP - Instituto Brasileiro de Edições Pedagógicas, 2025.
il. ; 20,5 x 27,5cm. – (Arte e Habilidade 8º ano)

Inclui bibliografia.
ISBN: 978-65-5696-933-6 (aluno)
ISBN: 978-65-5696-934-3 (manual do professor)

1. Educação. 2. Ensino fundamental. 3. Livro didático. 4. Artes visuais. 5. Música. 6. Teatro. 7. Dança. I. Cantele, Bruna Renata. II. Série.

CDD 372.07
2025-1383 CDU 372.4

Elaborado por Vagner Rodolfo da Silva - CRB-8/9410

Índice para catálogo sistemático:
1. Educação - Ensino fundamental: Livro didático 372.07
2. Educação - Ensino fundamental: Livro didático 372.4

4ª edição – São Paulo – 2025

Impressão e acabamento - Leograf - Julho de 2025

Rua Gomes de Carvalho, 1306 – 11º andar
Vila Olímpia – São Paulo – SP
04547-005 – Brasil – Tel.: 0800-015-5966
editoraibep.com.br
atendimento@grupoibep.com.br

APRESENTAÇÃO

Bem-vindo à **coleção Arte e Habilidade**!

Nos nossos livros, você vai explorar diversas formas de arte, como dança artes visuais,, música, teatro, cinema e fotografia. Vamos mostrar a criatividade e o talento de muitos artistas que fazem parte do rico repertório cultural da humanidade.

Os livros estão organizados em temas específicos, cada um com atividades artísticas que você pode experimentar. Além de colocar a mão na massa, você vai conhecer vários artistas e momentos importantes da História da Arte.

Ao estudar Arte, esperamos que você faça novas conexões e consiga imaginar, observar, refletir e se expressar de várias maneiras no seu dia a dia. A ideia aqui não é formar pintores, músicos ou atores, mas ajudar você a desenvolver uma visão ampla do mundo e a encontrar formas criativas de se expressar.

A Arte é uma ótima forma de comunicação que conecta você, seus amigos, sua escola e sua família, promovendo trocas de ideias e experiências. Aqui é um espaço para incentivar a criatividade e a imaginação.

Venha descobrir o incrível mundo da Arte com a gente! Este livro foi feito com muito carinho e respeito por você.

As autoras
Angela e Bruna

SUMÁRIO

TEMA 1

Ler e interpretar a imagem

Observe a pintura a seguir.

Museu Kröller-Müller, Otterlo, Holanda

O barco estúdio (1874), de Claude Monet. Óleo sobre tela, 50 cm × 64 cm.

O espelho de água e a intensa vibração da luz tornaram, para Monet, esse barco-estúdio uma perfeita plataforma de observação. O artista adquiriu o barco para fazer um estúdio e dele observava a água, a sombra e o reflexo que inspiraram suas pinturas.

Leitura de imagens

Assim como aprendemos a ler e a decodificar os códigos da linguagem escrita – as letras, as sílabas, as palavras, as frases, um texto –, podemos aprender a ler uma imagem, seja ela o que se vê no ambiente, em uma pintura, em uma fotografia, em uma escultura ou em um audiovisual.

> **Decodificar:** compreender uma mensagem por meio da interpretação dos códigos que ela apresenta.

Ler e interpretar uma imagem requer conhecimento sobre o artista e sua vivência sobre o tempo e o espaço nos quais a imagem foi produzida.

Shutterstock

Para o desenvolvimento deste tema, escolhemos um pintor bastante conhecido cujo nome é associado ao Impressionismo: Oscar-Claude Monet.

O Impressionismo surgiu em oposição às pinturas tradicionais feitas em ateliês. As obras impressionistas eram realizadas ao ar livre, nos campos, ao longo dos rios, com a utilização de cavaletes e tinta a óleo. "Agora, sim, se pinta de verdade", diziam os pintores impressionistas, cujos protagonistas, além de Monet, foram Auguste Renoir, Edgar Degas, Camille Pissarro e Alfred Sisley.

Tão marcante como o Renascimento, o Impressionismo assinalou um importante momento da história da arte.

Conhecendo Claude Monet

Nadar, Domínio Público, via Wikimedia Commons

Oscar-Claude Monet, considerado pai do Impressionismo, nasceu em Paris, em 14 de novembro de 1840, mas cresceu na cidade portuária do Havre. Ali iniciou os estudos em arte com apenas 11 anos. Conheceu o pintor Eugène Boudin, que o incentivou a pintar ao ar livre. Esse procedimento marcou toda sua carreira, levando-o a valorizar, em suas obras, a luz e o movimento.

No período mais fértil de seu trabalho, Monet pintou centenas de quadros com as características que identificam o Impressionismo: valorização da "impressão" causada no artista pelas transformações da paisagem causadas pelo vento, pelos reflexos do sol, pelo jogo de luz e sombra e pelas mudanças de cores.

Em 1883, Monet mudou-se com a segunda esposa para a cidade francesa de Giverny, onde construiu em sua propriedade o jardim no qual se destacavam o lago com ponte japonesa e os nenúfares, imortalizados em dezenove telas. Morreu em 5 de dezembro de 1926 e foi enterrado no jardim de sua residência.

> **Nenúfar:** planta aquática também conhecida como ninfeia.

Vivência artística de Monet

Em 1865, apoiado pelo pai, Monet expôs suas primeiras obras: *Estuário do Sena em Honfleur* e *Ponte sobre o Hève na vazante*. Em 1866, expôs no Salão de Paris mais duas obras: *A mulher no vestido verde* e *Floresta de Fontainebleau* – dois trabalhos apreciados com louvor. O sucesso no Salão intensificava sua imaginação criadora, e Monet logo começou a esboçar uma série de paisagens de Paris. Em prática constante de pintura, percebeu a importância da luz nas cores. Nesse período, pintou *Mulheres no jardim*. Camille Doncieux, que serviu de modelo nessa obra e em muitas outras, tornou-se sua esposa em 1870. Nesse mesmo ano, Paris vivia a Guerra Franco-Prussiana, e *monsieur* Gaudibert, amigo de Monet, ajudou-o a encontrar um novo estúdio e uma nova morada em Paris, onde o artista reencontrou Renoir, com o qual pintou, lado a lado, *La Grenouillère*.

Muitos artistas deixaram Paris por causa da guerra e da falta de segurança, mas nem por isso Monet deixou de pintar. Trabalhava somente ao ar livre, com temas de pontes, catedrais, jardins e paisagens.

Guerra Franco-Prussiana: conflito ocorrido entre o Império Francês e o Reino da Prússia, entre 1870 e 1871, que marcou a queda de Napoleão III e do sistema monárquico na França.

La Grenouillère: pintura realizada em 1869 que retrata o restaurante e os banhistas que nadavam no rio Sena, nos arredores de Paris.

Salão: exposições oficiais de obras de arte de um país, de um estado ou de uma cidade.

Museu D'Orsay, Paris

Mulheres no jardim (1866-1867), de Claude Monet. Óleo sobre tela, 255 cm × 205 cm.

Museu Kunsthalle, Hamburgo, Alemanha

A mulher no vestido verde (1866), de Claude Monet. Óleo sobre tela, 231 cm × 151 cm.

Coleção particular

Moinho de vento em Zaandam (1871), de Claude Monet. Óleo sobre tela, 46 cm × 73,7 cm. A obra representa o período em que Monet viveu na Holanda.

A técnica de Monet

Monet passava muitas horas às margens de rios e em jardins, onde a luz do sol trazia vida aos tons vermelhos, verdes e azuis. Em meio a esse cenário, em 1873, pintou *Camille Monet na janela*.

Visitou a Holanda, e outras inspirações lhe vieram. As telas mostravam, agora, uma luminosidade diferente, que dava às obras ainda mais vida. Experimentou a divisão de cor usando pequenos toques de cores puras sobrepostas, para, assim, representar a luz de modo mais vibrante que as tintas nas paletas. Usou essa técnica, motivo de debate, em uma marina pintada em Havre. Chamou-a *Impressão, nascer do sol* e a incluiu em uma exposição coletiva, em 1874.

No início, havia críticas negativas, como a de um crítico que resolveu ironizar o trabalho chamando os artistas de "Os impressionistas". Sua intenção era desmoralizar o grupo de artistas inovadores. Mas o nome "impressionismo" pegou, e, aos poucos, esse estilo de pintura foi perdendo a ideia depreciativa que despertara, a princípio, no mundo da pintura.

Depreciativo: que rebaixa o valor, diminui.

Paleta: placa sobre a qual os pintores colocam e misturam as tintas.

Impressão, nascer do sol (1872), de Claude Monet. Óleo sobre tela, 48 cm × 63 cm.

Em *Impressão, nascer do sol*, a paleta é rica em cores primárias e branco, para dar realidade às cores da natureza. Mostra o sol refletido na água e seus reflexos decompostos de maneira colorida. A cidade e o veleiro ao fundo se confundem na neblina da manhã. A obra foi pintada a céu aberto, ao amanhecer, por isso seu título.

Após a exposição de 1874, a situação financeira de Monet piorou, e os gastos aumentaram. À época, o artista conheceu um rico negociante, Ernest Hoschedé, que lhe prestou ajuda financeira comprando algumas de suas obras. Contudo, Monet teve de deixar Argenteuil e mudou-se para Paris em 1878. Não ficou muito tempo na capital francesa, pois Hoschedé foi à falência, e Camille adoeceu e faleceu. Em junho de 1880, a revista *La Vie Moderne* promoveu uma exposição de Monet com resultados financeiros animadores, e, influenciado por isso, o artista voltou a pintar com luminosidade.

Museu D'Orsay, Paris

A catedral de Rouen em pleno sol (1893), de Claude Monet. Óleo sobre tela, 107 cm × 73 cm.

Museu Pushkin, Rússia

A catedral de Rouen ao pôr do sol (1894), de Claude Monet. Óleo sobre tela, 100 cm × 65 cm.

Claude Monet pintou uma série de cinquenta telas da mesma catedral, em horários diferentes, para registrar a importância da luz na alteração das cores. Nesses dois exemplos, podemos ver claramente como a mesma catedral se mostra em cores distintas, em dois períodos diferentes do dia.

O recanto de Monet – Giverny

Em 1883, Monet mudou-se para Giverny, na Normandia, com Alice Hoschedé, os dois filhos e os seis que Alice tivera com Ernest Hoschedé. A nova cidade tornou-se um verdadeiro refúgio.

O artista comprou uma casa, onde construiu grandes jardins e lagos. A paisagem criada inspirou a série *Nenúfares*. Monet pintou exaustivamente em Giverny, porém, em 1923, sua atividade foi interrompida porque ele estava quase cego – diziam que a cegueira era decorrência da exposição excessiva ao sol. Monet operou o olho esquerdo com sucesso e voltou a pintar, conseguindo terminar o grande painel dos nenúfares, com 4 metros de comprimento por 2 metros de altura. Em 5 de dezembro de 1926, fecharam-se para sempre os olhos pelos quais até hoje se podem ver extraordinários efeitos de luz e cores da natureza. Monet morreu aos 86 anos. O governo francês e o mundo o reconhecem como um dos grandes mestres da pintura.

Observe duas fotografias tiradas atualmente da casa em que Monet viveu em Giverny. As cores se mantêm as mesmas que o artista usou em suas pinturas.

Museu D'Orsay, Paris

Ponte japonesa (1899), de Claude Monet. Óleo sobre tela, 89 cm × 93 cm.

Oleg Bakhirev/Shutterstock

Ponte japonesa no jardim da casa de Monet, em Giverny.

Ivoha/Shutterstock

Casa onde Monet viveu em Giverny.

- Monet era apaixonado por seu jardim. Depois que se mudou para Giverny, o jardim da nova casa passou a ser tema de suas pinturas, incluindo a série *Nenúfares*.
- Você já viu algum jardim de que gostou muito? Que tal visitar um, tirar algumas fotos e depois fazer uma pintura usando-as como referência?

Leitura e interpretação de imagem

Vamos observar e fazer a leitura de uma das pinturas de Monet.

Museu de Arte Walters, Baltimore, EUA

Primavera (1872), de Claude Monet. Óleo sobre tela, 50 cm × 65,5 cm.

Primavera é um quadro em que observamos uma cena tipicamente impressionista: uma mulher sentada à grama de um jardim, sob a sombra de uma árvore. O vestido rosa-claro e o charmoso chapéu usados pela modelo na paisagem ao ar livre enriquecem a obra. A mulher retratada é a primeira esposa do artista, Camille Doncieux, que, como dito anteriormente, posou para muitas telas de Monet.

Museu de Arte Walters, Baltimore, EUA

Primavera (1872), de Claude Monet (detalhe). Óleo sobre tela, 50 cm × 65,5 cm.

Vamos analisar um pouco mais a pintura: Camille está sentada sobre o gramado, cercada de flores. Notamos o admirável efeito entre luz e sombra que envolve a obra. A presença de árvores filtra a luz do sol, tornando seus efeitos mais suaves. O vestido da mulher está completamente estendido sobre o gramado. Camille lê um livro e parece estar descansando. Essa ação é simples e mostra um momento de descontração. Não se notam a beleza de seu rosto nem seu físico, por ela estar, de certa maneira, de cabeça baixa, com um vestido que lhe cobre todo o corpo.

Os tons de verde mudam com a presença da luz e da sombra que a árvore faz sobre a modelo. As manchas claras sobre a relva são os espaços por onde os raios de sol atravessam as folhas das árvores.

No rosto da modelo, podemos observar uma mudança de tons decorrente da luz. O lado direito está iluminado pela luz, e as cores claras mostram o tom igualmente claro da pele. Já no lado esquerdo, onde se faz sombra, vemos tons mais acinzentados. Essa era a grande característica das pinturas impressionistas, nas quais não havia preocupação com a cor real, mas com a verdadeira cor observada sob a luz do sol.

Essa alteração de cores também pode ser observada no vestido de Camille.

- Pesquise mais informações sobre Claude Monet e as obras que pintou usando a primeira esposa, Camille Doncieux, como modelo. Perceba como o artista mantém a característica da mulher em todas as obras.

LIGANDO COM

AS NINFEIAS DE MONET EM OUTRAS OBRAS

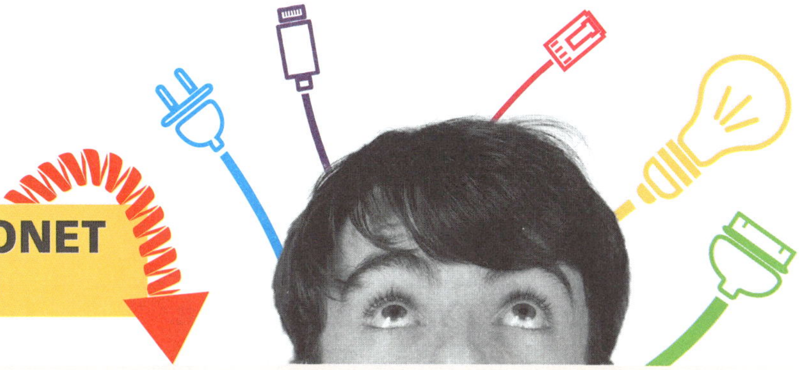

Na arte, é muito comum o artista se basear em uma obra para recriar outra, o que se chama apropriação. Paulo Vivacqua, autor da instalação sonora *Nympheas*, de 2005, criou sua obra tomando como base o grande painel *Ninfeias, manhã*, pintado por Monet entre 1915-1926.

Paulo Vivacqua é músico, e sua criação artística aborda as relações entre imagens, sons, tempo e espaço. *Nympheas* é composta de placas de vidro, espelhos, alto-falantes e luz artificial. Os alto-falantes espalham-se sobre o vidro e o espelho como se fossem as plantas aquáticas eternizadas por Monet em cerca de 250 telas. Além disso, emitem sons que se propagam de modo diferente. O público, ao andar ao redor da instalação, tem percepções distintas dos objetos e sons da obra.

Agencja Fotograficzna Caro/Alamy/Fotoarena. Musée de l'Orangerie, Paris, França

Ninfeias, manhã (c. 1915-1926), de Claude Monet. Óleo sobre tela, 200 cm × 1275 cm.

Do mesmo modo como Monet representou em suas telas a percepção da luz sobre o que pintava, Paulo Vivacqua proporciona ao público experiências de percepção que aliam luz e som.

Acervo Paulo Vivacqua

Nympheas (2005), de Paulo Vivacqua. Instalação sonora, vidro, fios e alto-falantes.

Na pasta que acompanha este livro, você encontra as fichas para desenvolver as atividades propostas.

• FICHA 1

Leitura e interpretação de imagem

ATIVIDADE: Na ficha, há a obra *O almoço: o jardim de Monet em Argenteuil*, de Claude Monet. Siga o roteiro para fazer a leitura da obra.

- Nome da obra e do pintor.
- Dados sobre o autor: data e lugar de nascimento e morte, origem, formação, idade quando da realização da obra e outras obras de sua autoria.
- Tipo de assunto representado: cena religiosa, histórica, mitológica, alegórica, retrato, paisagem.
- Informações sobre a obra: título, data da execução, técnica utilizada, suporte, dimensões, local em que se encontra (museu, coleção particular).

Quando falamos em pintura, devemos levar em consideração diferentes aspectos: o que ela representa, a técnica e as cores utilizadas, a luz, a perspectiva e o volume.

- Descreva o que está representado: lugar onde a cena foi pintada, enquadramento, personagens, ação e vestimenta dos personagens, objetos que compõem a obra.

Enquadramento: delimitação da imagem.

Sobre o quadro de Claude Monet, pesquise os dados da obra seguindo o roteiro apresentado. Na leitura de imagem, existe ainda a visão de cada espectador, que é particular em relação ao seu repertório artístico.

MATERIAL: lápis grafite e borracha.

• FICHA 2

Leitura e interpretação de imagem

ATIVIDADE: Pesquise outra obra de Claude Monet de que você goste. Se possível, recorte-a e cole-a na ficha. Depois, siga o mesmo roteiro de leitura e interpretação feito na ficha 1.

MATERIAL: imagem da obra (pessoal), tesoura com pontas arredondadas, cola em bastão, lápis grafite e borracha.

TEMA 2

A estrutura das cores: cores complementares

Observe a pintura a seguir.

Domínio Público/Coleção Particular

Barcos no porto de Collioure (1905), de André Derain. Óleo sobre tela, 72 cm × 91 cm.

- Observe a obra de André Derain. Preste atenção nas cores utilizadas. Quais o artista utilizou para representar a água e o céu? E os barcos e as roupas das pessoas?

O círculo cromático

Observe o círculo cromático. Nele podemos ver ao centro as três cores primárias (azul, amarelo e vermelho), e, ao lado de cada duas cores primárias, a cor secundária resultante (roxo, verde e laranja). Podemos também perceber a divisão entre as cores quentes e frias. Ao redor do hexágono, no círculo que os envolve, encontramos as cores terciárias, com as primárias e secundárias, formando 12 cores.

Shutterstock/Editoria de arte

Círculo cromático de Itten.

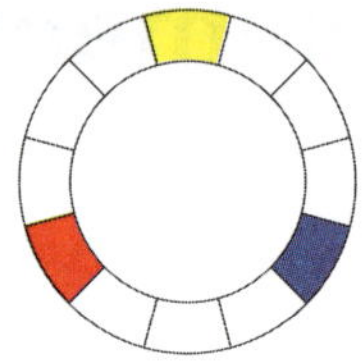

Cores primárias
Amarelo
Vermelho
Azul

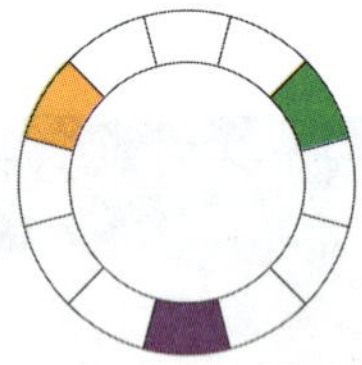

Cores secundárias
Laranja
Roxo
Verde

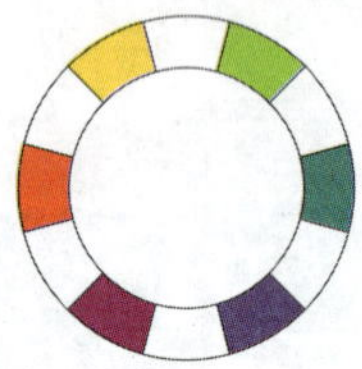

Cores terciárias
Amarelo-esverdeado,
Amarelo-alaranjado,
Vermelho-alaranjado,
Vermelho-arroxeado,
Azul-arroxeado,
Azul-esverdeado

A estrutura da cor

Já conhecemos as cores primárias, secundárias, terciárias, quentes e frias. Agora vamos conhecer as cores complementares.

Cores complementares são aquelas em posições opostas no círculo cromático. Os principais pares de cores complementares são as três cores primárias opostas às três cores secundárias.

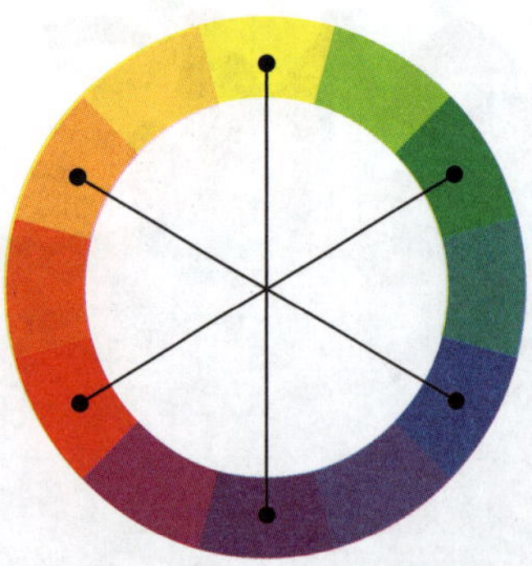

Shutterstock/Editoria de arte

Pares de cores complementares:
- amarelo e roxo;
- azul e laranja;
- vermelho e verde.

- **Amarelo e roxo:** o roxo é o complementar do amarelo, porque nele temos a presença do vermelho e do azul, as duas cores primárias restantes que completam o amarelo.
- **Vermelho e verde:** o verde é o complementar do vermelho, porque nele temos a presença do azul e do amarelo, as duas cores primárias restantes que completam o vermelho.
- **Azul e laranja:** o laranja é o complementar do azul, porque nele temos a presença do vermelho e do amarelo, as duas cores primárias restantes que completam o azul.

Os pintores fauvistas foram os que mais se ocuparam desse conceito em suas pinturas. Observe o grande contraste de cores nas obras a seguir.

Porto de La Ciotat (1907), de Georges Braque. Óleo sobre tela, 65 cm × 81 cm.

Vista do mar em L'Estaque (1906), de Georges Braque. Óleo sobre tela, 59 cm × 72,4 cm.

Conhecendo Georges Braque

Fundo correio da manhã/Domínio Público/Acervo Arquivo Nacional

O pintor e escultor Georges Braque nasceu em 13 de maio de 1882, em Argenteuil, na França, e faleceu em Paris, também na França, em 31 de agosto de 1963. Sofreu forte influência do pai, igualmente pintor, dono de uma empresa de decoração, onde Braque teve o primeiro contato com a arte. Em 1899, residindo em Paris, iniciou a carreira como artista, expondo em 1906, no Salão dos Independentes, suas primeiras obras. Nessa época, seu estilo caracterizava-se por formas simples e cores puras, de acordo com a corrente do fauvismo. Conheceu Picasso em 1907, e juntos desenvolveram as concepções que caracterizariam o cubismo. Em 1914, com a deflagração da Primeira Guerra Mundial, Braque foi convocado e, no ano seguinte, sofreu um ferimento na cabeça, permanecendo dois anos afastado das atividades artísticas. Em 1917, retomou a pintura, com temas envolvendo naturezas-mortas e formas figurativas, sempre no âmbito do cubismo. Criador de uma nova linguagem em arte, a dos *papiers collés* (colagens), incluiu letras, trechos de jornais, números e outros elementos gráficos em suas composições. Quando morreu, sua temática abordava a representação de pássaros, simbolizando a liberdade.

National Gallery of Art, Washington D.C., Estados Unidos

Ponte de Charing Cross (1906), de André Derain. Óleo sobre tela, 81 cm × 100 cm.

- As obras deste tema mostram mais contraste de cores. Você gosta de pinturas assim? Por quê? Em suas pinturas, você prefere usar cores mais parecidas, como na monocromia, ou com mais contraste, como nas cores complementares?

Retrato de madame Matisse (1905), de Henri Matisse. Óleo sobre tela, 40 cm × 32 cm.

Mulher em casaco roxo (1937), de Henri Matisse. Óleo sobre tela, 81 cm × 65 cm.

Conhecendo Henri Matisse

Henri-Émile-Benoît Matisse, pintor, desenhista, gravurista e escultor, nasceu em 31 de dezembro de 1869 em Le Cateau-Cambrésis, na França. Formou-se em Direito, mas abandonou a carreira das leis para se dedicar às artes. Aos 22 anos, mudou-se definitivamente para Paris e frequentou a Académie Julian. Suas primeiras pinturas tinham forte influência do fauvismo. Conheceu o Impressionismo e as obras de Van Gogh, e seu estilo mudou, passando para o desenho simples, em que a massa de cores tinha tanta importância quanto o tema representado. Quando o uso de tinta a óleo foi proibido, por ser prejudicial à saúde, passou a trabalhar com colagem de papéis coloridos, guache e recortados, técnica que dizia ser "desenho com tesouras". Em 1941, passou a se locomover em cadeira de rodas, mas permaneceu ativo até sua morte, em 3 de novembro de 1954, aos 84 anos, em Nice, França.

Conhecendo André Derain

O pintor André Derain nasceu em 10 de junho de 1880, em Chatou, na França. Começou a pintar aos 15 anos e foi, na maior parte da vida, autodidata. Após ver uma exposição de Van Gogh, em 1901, passou a pintar usando cores primárias, tornando seu ateliê um centro de difusão do fauvismo, corrente que aglutinava artistas não impressionistas que usavam cores fortes e vibrantes em suas telas. Mudou-se para Paris e frequentou a Academia Carrière, onde conheceu o pintor Henri Matisse. Acabou abandonando o fauvismo e tornou-se pintor cubista, para, finalmente, após a Primeira Guerra Mundial, retornar aos temas clássicos, pintando paisagens, naturezas-mortas e retratos. Sua principal característica é o uso das cores fortes. Além da pintura, trabalhou como cenógrafo de dança e ilustrador de livros. Morreu em 8 de setembro de 1954, na cidade de Garches, na França.

LIGANDO COM

A INFLUÊNCIA RECÍPROCA DAS CORES – MICHEL EUGÈNE CHEVREUL

Nicolas Eustache Maurin, Domício Público, via Wikimedia Commons

O químico Michel Eugène Chevreul nasceu em 31 de agosto de 1786, em Angers, na França, e morreu em 9 de abril de 1889, em Paris, também na França. Seus trabalhos são inumeráveis, mas os principais se relacionam à pesquisa das gorduras de origem animal e o estudo sobre as cores, publicado no livro *De la loi du contrast simultané des couleurs* (*Pesquisa química da lei do contraste simultâneo de cores*, em português).

Esse estudo sobre as cores foi resultado do trabalho que desenvolveu sobre o uso de corantes em uma empresa de tecidos francesa, a Gobelin, em 1824.

No século XIX, surgiram novas técnicas de impressão têxtil. Estudando as combinações de cores nas peças de vestuário produzidas pela Gobelin, Chevreul percebeu que certos tons de vermelho, quando mais próximos do verde, eram brilhantes, enquanto os mais próximos do amarelo tendiam a ser mais "sem graça". Em suma, o químico percebeu que duas cores justapostas entre si tendiam a tingir a cor complementar correspondente uma da outra. Viu que o amarelo tendia a colorir as cores vizinhas de um azul-púrpura; o vermelho, de um verde tendendo ao azul; o azul, de um laranja-amarelado.

Da observação e do estudo desses fenômenos, Chevreul formulou a famosa lei dos contrastes simultâneos, que diz: "Duas cores adjacentes são percebidas pelo olho de modo diferente do que realmente são" (quando vistas isoladamente em fundo neutro).

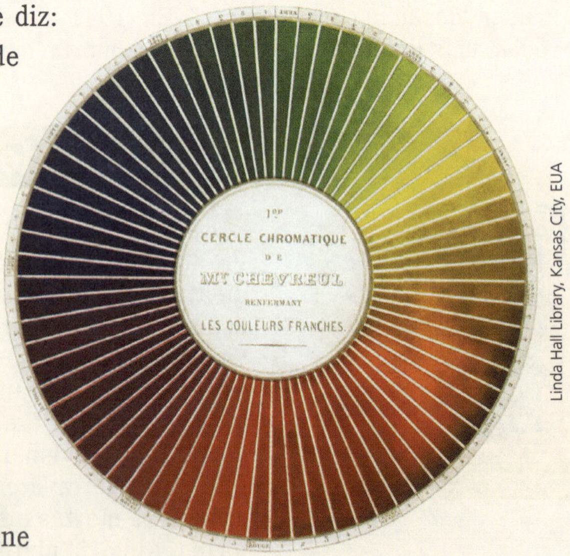

Linda Hall Library, Kansas City, EUA

Chevreul criou um círculo de cores no qual 72 tons foram mostrados na saturação máxima, e essa ferramenta viria a ajudar pessoas que trabalhavam com cores (pintores, tingidores de tecidos etc.).

Nesse círculo, é possível encontrar, de imediato, o complemento de cada cor, que pode ser identificado no lado oposto do círculo.

Suas leis sobre a influência mútua das cores e seu sistema de classificação de cores foram estudados e aplicados, anos mais tarde, por pintores como Eugène Delacroix, Edgar Degas, Georges Seurat e Paul Signac.

FICHA

Na pasta que acompanha este livro, você encontra as fichas para desenvolver as atividades propostas.

• FICHA 3

Círculo cromático – pintura com tinta guache

ATIVIDADE: Na ficha, há um círculo cromático de 12 cores. Para fazer a pintura, proceda da seguinte forma:

- Pinte primeiro as três cores primárias (amarelo, vermelho e azul), deixando três espaços entre elas.
- Depois, pinte as três cores secundárias (laranja, verde e roxo), que serão pintadas entre as cores primárias.
- Por último, pinte as cores terciárias, que são uma mistura das duas cores vizinhas. Observe as cores que aparecem no círculo. Veja o modelo que consta da ficha.

MATERIAL: tinta guache, pincel, pano para limpeza e recipiente com água.

• FICHAS 4 E 4A

Cores complementares – recorte e colagem

ATIVIDADE: Na ficha, há os três principais pares de cores complementares. Faça um desenho simples, com forma única, em um dos quadrados de cada par. Recorte a forma que você desenhou e cole-a no quadrado que formará o par de cores complementares.

Observe o modelo.

Editoria de arte

Coração recortado na cor vermelha e depois colado sobre o quadrado verde, que forma o par de cores complementares.

MATERIAL: lápis grafite, borracha, tesoura com pontas arredondadas e cola em bastão.

• FICHA 5

Cores complementares – Henri Matisse – pintura

ATIVIDADE: Na ficha, há o desenho da obra *Retrato de madame Matisse*. Pinte-o usando apenas os pares de cores complementares.

MATERIAL: giz de cera ou lápis de cor.

Atividade complementar – informática

Selecione o programa Paint Brush e abra um espaço em branco. Usando a ferramenta "formas", escolha a forma quadrada e crie várias figuras com tamanhos diferentes.

Acervo das autoras

A seguir, escolha um dos pares de cores complementares e pinte as formas usando a ferramenta do "baldinho".

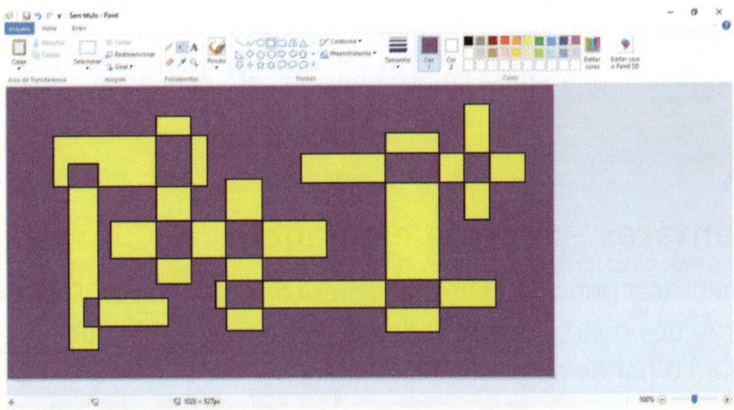

Acervo das autoras

Como só serão usadas duas cores, use a mesma cor do fundo para pintar os espaços nos quais as formas se sobrepõem.

Usando a mesma composição, pinte-a com os dois outros pares de cores complementares.

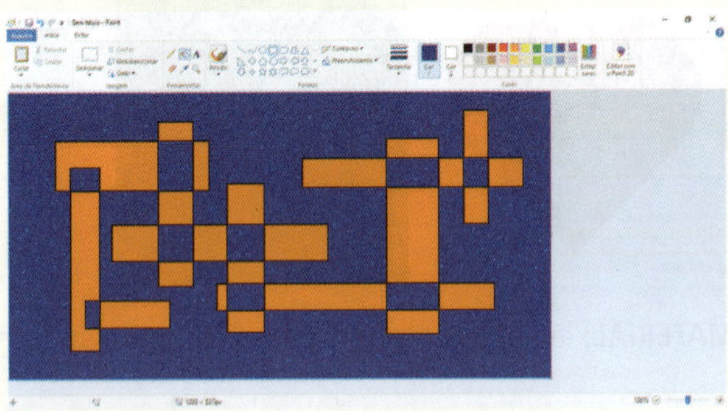

Acervo das autoras

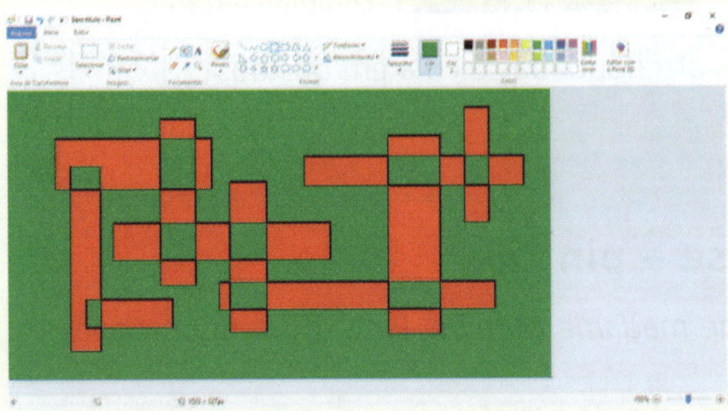

Acervo das autoras

TEMA 3

A composição visual: elementos e estrutura

Observe a pintura a seguir.

Solomon R. Guggenheim Museum, New York

Pintura azul (1924), de Wassily Kandinsky. Óleo sobre tela, 50,6 cm × 49,5 cm.

Observe a obra de Wassily Kandinsky. Veja como o artista ocupou o espaço da tela. No fundo, um espaço azul que se assemelha ao Universo, há uma verdadeira explosão de formas coloridas: triângulos, círculos, retas, arcos, entre outras.

Elementos da linguagem visual

Entre alguns elementos da linguagem visual, podemos citar a linha, a cor, a forma, a textura, o espaço e o tamanho. Eles foram vistos nos volumes 6 e 7. Agora, daremos ênfase à **forma** e à **textura**.

Formas

Em uma composição visual, entendem-se como forma os objetos que compõem a obra, os quais podem ser **bidimensionais** (comprimento e largura) ou **tridimensionais** (comprimento, largura e profundidade)

As formas podem ser geométricas ou orgânicas.

As formas **geométricas** são formas simples, bidimensionais, como quadrados, triângulos ou círculos, como nas obras de Kandinsky, ou podem ser cubos, pirâmides e esferas, que são formas tridimensionais, muito comuns nas obras de Pablo Picasso.

Observe as formas geométricas nesta obra de Wassily Kandinsky. São formas simples e chapadas, que não dão ideia de volume.

Sons contrastantes (1924), de Wassily Kandinsky. Óleo sobre papelão, 70 cm × 49,5 cm.

Conhecendo Wassily Kandinsky

Wassily Kandinsky nasceu em Moscou, na Rússia, em 1866, e morreu na França, em 1944. Em 1896, influenciado por uma exposição sobre Impressionismo, iniciou os estudos de pintura em Munique, na Alemanha. Teve influência do pontilhismo e do fauvismo no início da carreira; só vinte anos mais tarde passaria a introduzir as figuras geométricas em suas composições.

Além de pintor, Kandinsky foi professor na Bauhaus, importante escola de arte e arquitetura da Alemanha. Estudou a psicologia das cores e das formas, as quais considerava os elementos mais adequados e puros para transmitir a expressão pictórica de uma emoção.

Agora, observe nesta obra de Pablo Picasso como as frutas e a taça lembram formas geométricas. As maçãs são esferas, e as peras, cones, assim como a parte de cima da taça.

Vidro e frutas (1908), de Pablo Picasso. Guache ou têmpera sobre madeira, 26,7 cm × 21,6 cm.

Conhecendo Pablo Picasso

Pablo Ruiz y Picasso nasceu em 25 de outubro de 1881, em Málaga, Espanha. Aos 14 anos, ingressou na Escola de Belas-Artes de Barcelona. Em 1896, a Exposição Municipal de Barcelona aceitou sua primeira tela, *Primeira Comunhão*, para compor o evento. Em 1900, viajou a Paris para encontrar um negociante de quadros.

Em 1904 resolveu permanecer de vez na capital francesa, quando passou a dividir seu ateliê com artistas como Juan Gris e Van Dongen.

Dois anos depois, liberto da realidade convencional, passou a pintar obras com formas geométricas – nascia o Cubismo.

Picasso pintou muitas obras que se tornaram famosas, entre elas *Les Demoiselles d'Avignon* e *Guernica*. Faleceu em 8 de abril de 1973, em Notre-Dame-de-Vie, perto de Cannes, na França.

As formas **orgânicas** fluem livremente; são curvas e não são simétricas, estando presentes nos elementos da natureza, como flores, galhos, folhas, nuvens, animais, figuras humanas etc., mas também podem ser encontradas em edifícios arrojados e fantasiosos, como nos do arquiteto espanhol Antoni Gaudí, assim como em muitas esculturas.

Observe, nas imagens a seguir, as linhas que definem as formas – são leves, sinuosas – e que dão bastante leveza às composições.

Casa Batlló, projeto do arquiteto espanhol Antoni Gaudí. Barcelona, Espanha.

Luis Rafael Castro/Shutterstock

Taça em forma de flor (1900), de Louis Comfort Tiffany.

Yelkrokoyade, CC BY-SA 3.0, via Wikimedia Commons/Museu de Belas Artes de Budapeste

La Belle Jardinière – June (1896), de Eugène Grasset. Ilustração.

CC0 Public Domain/Andrea Stockel

Os sinais e as texturas nos desenhos – textura gráfica

Na linguagem visual, o sinal pode ser um ponto sobre o papel, um traço de lápis, um traço de pincel sobre a tela ou, ainda, a pressão de um dedo sobre a argila. O sinal é feito para representar e se expressar, e não é feito por acaso.

Desenhar significa traçar linhas e pontos ou estender traços usando lápis, pincel, giz de cera ou canetas. No desenho, o sinal assume importância expressiva e particular. Muitas vezes, um desenho é feito apenas de sinais, como no exemplo ao lado de um desenho de Van Gogh.

Na obra, Van Gogh cria uma atmosfera diferente para cada parte do desenho. Por exemplo, o céu é representado com pequenos pontos homogêneos; as flores e a vegetação foram representadas com breves traços, alguns curvos e de diferentes espessuras; a cerca foi feita com traços verticais; e o solo, com grande quantidade de pontos, porém de tamanhos diferentes daqueles usados no céu.

Museu Metropolitano de Arte de Nova York/Coleção Particular

Um jardim com flores (1888), de Vincent van Gogh. Lápis grafite e pena com nanquim, 61 cm × 49 cm.

Conhecendo Vincent van Gogh

Musée d'Orsay, Paris

Vincent Willem van Gogh nasceu em 30 de março de 1853, nos Países Baixos. Incentivado pela mãe, que apreciava arte, passou boa parte do tempo desenhando e pintando. Aos 16 anos, foi trabalhar para o tio em uma empresa internacional, com sede em Paris. Aos 20 anos, por influência do pai, foi estudar Teologia em Amsterdã. Foi pastor por seis meses e voltou a se dedicar à pintura. Em 1888, partiu para Arles, no sul da França, onde pintou a série *Os girassóis*.

Van Gogh alternava fases de profunda depressão com comportamento agressivo e chegou a ser internado em uma clínica psiquiátrica. Lá pintou obras como *Noite estrelada*, com pinceladas curvas e espirais, que mostravam seu estado de agitação mental.

Voltou a morar em Paris no fim de 1869 e faleceu em 27 de julho de 1890.

Os sinais e as texturas nas pinturas

Pintar significa propagar áreas de cor com tintas, aquarelas, óleo, acrílica, guache, com sinal particular e pessoal. As pinceladas podem ser pequenos pontos, traços uniformes, manchas irregulares, enfim, todos os elementos que caracterizam expressividade ao pintar e são sinais de reconhecimento dos artistas.

Os sinais deixados sobre a superfície chamam-se **textura pictórica**.

Nas pinturas figurativas, os sinais utilizados demonstram-nos a realidade. A obra *Maçãs*, de Paul Cézanne, foi pintada com pinceladas breves, carregadas de cor, direcionadas para o formato esférico da fruta e dando base ao volume.

Museu Fitzwilliam, Cambridge

Maçãs (1878), de Paul Cézanne. Óleo sobre tela, 19 cm × 27 cm.

Conhecendo Paul Cézanne

Public domain, via Wikimedia Commons

Paul Cézanne nasceu em Aix-en-Provence, na França, em 19 de janeiro de 1839. Começou a estudar desenho aos 10 anos. Depois, ingressou no Colégio Bourbon para o curso secundário e lá se tornou amigo de Émile Zola, que, mais tarde, se tornaria um famoso escritor. Após a formatura, ingressou na Universidade de Aix, no curso de Direito, mas nunca deixou de estudar desenho. Em 1861, deixou a universidade e mudou-se para Paris, para seguir a carreira artística, apesar da objeção do pai. Na capital francesa, engajou-se em movimentos de vanguarda que combatiam o academicismo, aproximou-se de grupos que dariam origem à corrente impressionista e, mais tarde, transitou para o cubismo. Sua técnica consistia em exprimir volume e luz por meio de um sistema de clarões superpostos de cor pura e relações de tonalidades, em que cada temperatura de cor correspondia a um estado de espírito, tanto no mundo físico como do mundo da pintura. Foi considerado mestre tanto por impressionistas como por cubistas. Morreu em 22 de outubro de 1906, na mesma cidade em que nasceu, onde voltara a viver no fim do século XIX.

Nas pinturas abstratas, os pintores se expressam livremente para demonstrar as emoções, os gestos, as sensações perceptivas sobre uma superfície.

Na obra *Número 11*, de Jackson Pollock, podemos ver um emaranhado de linhas e cores criando uma superfície fortemente texturizada.

Número 11 (1952), de Jackson Pollock. Esmalte e tinta de alumínio com vidro sobre tela, 210 cm × 486 cm.

Conhecendo Jackson Pollock

O pintor estadunidense Paul Jackson Pollock nasceu em Cody Wyoming, em 28 de janeiro de 1912, e faleceu em Springs, em 11 de agosto de 1956. Estudou em Los Angeles e em Nova York. Integrante do abstracionismo, destacou-se por utilizar a técnica de pintura criada por Max Ernst, o *dripping* (gotejamento), que consiste em respingar a tinta sobre a tela. Trabalhando com telas de grandes proporções, Pollock fazia os pingos escorrerem, formando traços harmoniosos que pareciam se entrelaçar em figuras abstratas. Costumava deixar a tela no chão, afirmando que era um modo de se sentir dentro do quadro. Foi um artista reconhecido internacionalmente.

Ritmo

Colocação de formas e cores, contraste entre luz e sombra, ondulações regulares de uma linha, sucessão de elementos iguais dispostos em espaços constantes ou com sequência de variações proporcionam ritmo visual nas composições. O ritmo, na composição, pode ser uniforme, quando o elemento se repete de maneira regular e constante; alternado, quando dois ou mais elementos se sucedem de modo regular; crescente ou decrescente, quando as formas e os intervalos variam gradualmente. Nas composições, o ritmo é um elemento muito importante, uma vez que cria efeito de dinamismo e movimento.

Na composição ao lado, vemos círculos dentro de quadrados. Observe que eles obedecem a uma uniformidade: os círculos ficam menores e crescem em quantidade.

Composição – ritmo em círculos (2007), de Angela Anita Cantele. Arte digital, 12,03 cm × 17,4 cm.

FICHA

Na pasta que acompanha este livro, você encontra as fichas para desenvolver as atividades propostas.

• FICHA 6

Composição com formas geométricas e orgânicas – desenho e pintura

ATIVIDADE: Na ficha, há dois espaços. Desenhe uma composição usando formas geométricas e outra usando formas orgânicas. Para pintar suas composições, utilize o material que mais se adaptar ao seu projeto. Na composição de formas geométricas, se desejar, você pode até mesmo utilizar a colagem além da pintura.

MATERIAL: livre.

• FICHAS 7 E 7A

Textura gráfica e textura tátil

ATIVIDADE: Na ficha 7, do lado esquerdo, há alguns exemplos de textura gráfica e quatro espaços para você testar outras texturas. Use caneta hidrocor preta de ponta fina e crie suas texturas gráficas. No desenho do lado direito da ficha, pinte alguns espaços com lápis de cor e, em outros, aplique a textura. Você pode usar caneta preta ou canetas coloridas de ponta fina, e os espaços, colorir com lápis de cor ou caneta hidrocor.

Na ficha 7A, há fotos de um passo a passo para você criar sua obra com textura tátil. Usando uma base de papelão de 20 cm × 20 cm, cole pedaços de papelão, de tecidos, de fitas e outros materiais que achar interessante para sua composição.

MATERIAL: caneta hidrocor preta de ponta fina; canetas hidrocor coloridas; lápis de cor; papelão de 20 cm × 20 cm; pedaços de papelão; retalhos de tecido, de fitas e outros materiais de livre escolha; tesoura com pontas arredondadas e cola líquida.

• FICHA 8

Ritmo – composição com formas geométricas

ATIVIDADE: Recorte os triângulos do lado direito da ficha e, no lado esquerdo, faça uma colagem no espaço colorido.

MATERIAL: tesoura com pontas arredondadas e cola em bastão.

Acervo das autoras

TEMA 4

Um pouco da manifestação musical no Brasil

Observe a imagem da roda de samba a seguir.

Stefano Ember/Shutterstock

Roda de samba em espaço público. Salvador, BA.

"O brasileiro é um povo esplendidamente musical. Nosso populário sonoro honra a nacionalidade".

Esse trecho foi escrito por Mário de Andrade no artigo "Ensaio sobre a música brasileira", publicado em 1972, quando ele já havia falecido. Nessas frases, Mário de Andrade registra aspectos culturais marcantes da identidade nacional.

A música está presente em vários momentos de nossa história e simboliza inúmeros aspectos da vida social, política, histórica e cultural de nosso país.

No Brasil, a música expressa a mistura de três etnias: indígena, europeia e africana.

Quando os portugueses chegaram a terras brasileiras, houve o encontro com os indígenas, que nas suas manifestações culturais dançavam e tocavam instrumentos como tambores, flautas e chocalhos. Em 1549, os padres jesuítas, entre eles José de Anchieta (autor de várias peças de teatro), criaram Missões no sul do Brasil, por meio das quais ensinavam catequese e música vocal e instrumental aos indígenas. Após dez anos, havia orquestras inteiras só de indígenas da etnia guarani.

Com a escravidão, outros estilos musicais e instrumentais se instalaram no país, como o lundu, dança africana, que data do século XVII.

Com o passar do tempo, os portugueses e o intercâmbio cultural trouxeram consigo músicas e instrumentos típicos de outros países, como as óperas italianas, a valsa francesa, as polcas alemãs, a habanera cubana – todos esses gêneros influenciaram a música brasileira e nosso instrumental.

Os primeiros compositores brasileiros

Nascido no Rio de Janeiro em 1767, desde cedo o padre José Maurício Nunes Garcia demonstrou vocação para a música. Em 1792, foi nomeado mestre da Capela Real (hoje catedral) e iniciou intensa atividade artística. Foi considerado a maior figura artística musical da época. Suas principais obras foram a ópera *Le due gemelle* (*As gêmeas*), cuja partitura parece ter desaparecido, *Missa de Nossa Senhora a 8 de dezembro* e inúmeros trechos breves.

Com a independência do Brasil em 1822, vários compositores, imbuídos de forte nacionalismo, passaram a escrever hinos, canções, modinhas e óperas. Os textos dessas peças associavam-se a um ideal de ordem, de manutenção da integridade territorial do país, cujo objetivo era unir todo o povo e evitar movimentos contrários ao sistema.

O primeiro imperador do Brasil, Dom Pedro I, apreciador de música, é autor do Hino da Independência e de outras composições. O padre José Maurício Nunes Garcia foi seu professor e lhe ensinou a tocar vários instrumentos, como violoncelo, trombone, clarinete e flauta. Padre José Maurício era hábil no cravo, instrumento musical de tecla.

Shutterstock

Cravo, instrumento musical.

Entre os compositores dessa época, destacamos:

- **Francisco Manuel da Silva** (1795-1865): aluno do padre José Maurício, pertenceu à orquestra da Capela Imperial. Tocava violino, piano e órgão e dirigia conjuntos musicais. Além do Hino Nacional, é autor dos hinos à Coroação (1841), a Dom Afonso (1845), das Artes (1854) e da Guerra (1865). Escreveu também música religiosa e de salão, além de métodos de solfejo e trechos de óperas.

Solfejo: exercício para aprender a ler notas musicais.

- **Antônio Carlos Gomes** (1836-1896): foi o mais importante compositor de ópera brasileiro. De estilo romântico, teve suas obras apresentadas no renomado Teatro alla Scala, em Milão, na Itália. É autor da ópera *O Guarani* e patrono da cadeira de número 15 da Academia Brasileira de Música. Compôs músicas sacras, românticas e de fantasia. Algumas de suas obras são tocadas até hoje em apresentações musicais, como a modinha "Quem sabe?", mais conhecida pelo primeiro verso: "Tão longe de mim distante...", feita em homenagem à sua amada, dona Ambrosina Correia Lago.

Archivio Storico Ricordi, CC BY-SA 4.0, via Wikimedia Commons

Antônio Carlos Gomes.

Conheça um trecho da música.

Quem sabe?

Tão longe de mim distante.
Onde irá, onde irá teu pensamento.

Quisera, saber agora.
Quisera, saber agora.

Se esqueceste, se esqueceste.
Se esqueceste o juramento.

Quem sabe se és constante.
Se ainda é meu teu pensamento.

Minh'alma toda devora.
Dá a saudade dá a saudade agro tormento.

Tão longe de mim distante.
Onde irá, onde irá teu pensamento.
Quisera saber agora.
Se esqueceste se esqueceste o juramento.

GOMES, Antônio Carlos. *Quem sabe?*. Disponível em: https://www.letras.mus.br/carlos-gomes/742824/. Acesso em: 17 jan. 2025.

- **Francisca Edwiges Neves Gonzaga** (1847-1935): mais conhecida como Chiquinha Gonzaga, foi compositora, pianista e regente brasileira. Desde criança, mostrou interesse pela música. Estudou com Heitor Villa-Lobos. Foi a primeira mulher a reger uma orquestra no Brasil. Seu primeiro sucesso, aos 29 anos, foi a composição "Atraente", um animado choro. Sua carreira ganhou prestígio com a marcha carnavalesca "Ó abre alas", a mais cantada em 1899 no Carnaval do Rio de Janeiro. Lutou pelos direitos autorais musicais e teatrais, abrindo a Cia. de Teatros Musicais.

- **Leopoldo Augusto Miguez** (1850-1902): foi compositor, violinista e maestro brasileiro que abandonou outras atividades para se dedicar à arte. Por ocasião da Proclamação da República (1889), houve um concurso de hinos, e Miguez criou uma composição com letra de Medeiros de Albuquerque, adotada como Hino da República. Compôs outros hinos, marchas, sinfonias e dramas líricos.

> Sinfonia: música composta para ser tocada por uma orquestra, formada de diversos instrumentos.

- **Alberto Nepomuceno** (1864-1920): foi compositor, pianista, organista e regente brasileiro. Começou a carreira musical aos 18 anos, aperfeiçoando os estudos na França, na Itália e na Alemanha. De volta ao Brasil, regeu um grande concerto em São Paulo, e sua ópera, *Abul*, foi apresentada com muito sucesso em Buenos Aires (Argentina). Escreveu trovas, valsas, sonatas e sinfonias. Algumas de suas obras são *Anhelo*, *Suíte antiga*, *Sinfonia em sol menor*, *Batuque*, *Galhofeira*, *Jangada*, *Turquesa* e muitas outras.
- **Alexandre Levy** (1864-1892): foi compositor, pianista, regente e crítico musical, além de um dos responsáveis pelo nacionalismo musical brasileiro. Apesar de ter falecido jovem (aos 28 anos), compôs inúmeras obras, entre elas *Reverie*, *Fantasias sobre motivos do Guarani*, *Tango Brasileiro*, *Amour Passé*, além de muitas outras.

Domínio público / Acervo Arquivo Nacional via WIKIMEDIA COMMONS

Heitor Villa-Lobos.

- **Heitor Villa-Lobos** (1887-1959): foi compositor e maestro brasileiro. Iniciou a carreira musical em 1915, como instrumentista. Aos 19 anos, fez as primeiras composições. Participou da Semana de Arte Moderna de 1922, viajou para a Europa no ano seguinte e só voltou ao Brasil em 1929. Em 1931, apresentou-se com um coral de doze mil vozes. Viajou inúmeras vezes pelo Brasil fazendo pesquisas e anotações das muitas modalidades musicais do folclore brasileiro. Recebeu diversos títulos nacionais e internacionais e foi fundador e primeiro presidente da Academia Brasileira de Música. Merecem destaque as composições *Bachianas 4* e *7*, *O trenzinho caipira* e *Choro 8*.

No início do século XX, o nacionalismo começou a ser incorporado por compositores brasileiros com formação erudita europeia, sobretudo francesa, os quais passaram a compor músicas de harmonia simples e forte aspecto popular.

Erudito: quem adquiriu conhecimento ou teve cultura variada.

Nacionalismo: exaltação dos valores nacionais.

Nostálgico: que remete a sentimentos e sensações do passado.

Em 1916, "Pelo telefone", composição de Ernesto dos Santos, conhecido como Donga, e do jornalista Mauro de Almeida, ficou conhecida como o primeiro samba brasileiro.

No Rio de Janeiro, o batuque e as escolas de samba levaram o samba dos morros para a avenida e tornaram esse gênero de música popular admirado por toda a sociedade. Nesse estilo musical, têm destaque os compositores Cartola, Ataulfo Alves, Adoniran Barbosa, Lamartine Babo, Dorival Caymmi e Noel Rosa.

Derivado das serenatas, surgiu o choro, às vezes alegre, às vezes nostálgico. Apareceram, ainda, os gêneros sertanejo e folclórico.

Em 1958, teve origem a bossa nova; em meados dos anos 1960, surgiram a Jovem Guarda e a MPB, com seus grandes festivais. Em 1980, ganharam destaque o *rock*, o *reggae* e o *funk*. Uma nova modalidade sertaneja também surgiu da fusão do estilo sertanejo de raiz com o *country* estadunidense, e novas duplas trocaram a viola pela guitarra elétrica e passaram a cantar músicas de temática romântica, afastando-se dos temas rurais.

Alguns gêneros da música popular brasileira

- **Baião:** dança muito usada no século XIX no Nordeste do Brasil. O ritmo e a dança são típicos do Nordeste brasileiro e sofreram influência do samba e da conga. Tornou-se popular no Brasil a partir de 1946, com Luiz Gonzaga, compositor, cantor e sanfoneiro.
- **Canção:** composição musical de caráter popular ou erudito, poética, cantada com acompanhamento instrumental.
- **Cânone:** tipo de composição cantado em duas ou mais vozes.
- **Cantiga:** composição popular musicada que utiliza, em geral, versos de amor, amizade, sátira etc.
- **Coco:** dança e ritmo típicos da Região Nordeste do país, com influências africana e indígena. Tem refrão cantado em coro para responder aos versos do tirador de coco ou coqueiro. É canto-dança das praias.

- **Coreto:** significa "pequeno coro". A característica é o "sabor" lusitano. Mas, no Brasil, foi adaptado regionalmente; por exemplo: em Minas Gerais, é o Peixe Vivo.
- **Desafio:** disputa poética cantada de improviso. Gênero recebido de Portugal e conhecido em todo o Brasil, principalmente no Nordeste. O torneio dura até um dos cantores se declarar vencido.
- **Embolada:** originária do Nordeste, com melodia mais ou menos declamada, em intervalos curtos. O texto geralmente é cômico.
- **Frevo:** ritmo originário das bandas militares de Pernambuco e característico do Carnaval de Recife. É acompanhado de dança com coreografia específica.
- **Hino:** canto em louvor cívico, religioso ou profano. Os mais conhecidos são os patrióticos.
- **Lundu:** ritmo musical e de dança de origem africana praticado pelos escravizados. Foi muito comum nos séculos XVIII e XIX.
- **Marcha:** música em compasso binário. Ritmo marcado inicialmente para soldados. Existem vários tipos de marchas: fúnebres, militares, nupciais etc.
- **Modinha:** tipo de composição musical de origem portuguesa. No Brasil, surgiu em 1718, com João Furtado (Bahia), tocador de viola. Só pôde ser impressa quando foi adaptada à música de salão.
- ***Pot-pourri*:** reunião de trechos musicais populares.
- **Revista:** espetáculo musical sobre assuntos e temas variados. É um instantâneo da vida social, da política, da moda e dos costumes de uma região ou cidade.
- **Samba:** música em compasso binário. Veio substituir o maxixe. O acompanhamento da batucada é feito com tambor, surdo, cuíca, pandeiro, cavaquinho, bandolim, violão.

A música, entre outras funções importantes, também pode ser um meio de conhecer e compreender culturas e civilizações distantes e diferentes. O repertório da música popular inclui diferentes gêneros: canções de amor, canções de trabalho, canções patrióticas e militares, canções de dança etc. As diferenças entre a música de um povo e de outro podem nos fazer entender sua mentalidade e nos ensinar seus costumes, enquanto as semelhanças entre a música de diferentes povos nos fazem compreender que são culturalmente próximos, muitas vezes de origem comum.

Se as canções populares são geralmente consideradas o espelho da alma de um povo, os hinos nacionais são considerados o espelho da nacionalidade e se tornam sinal de reconhecimento e símbolo de um país, assim como sua bandeira.

Vamos ouvir e cantar algumas cantigas brasileiras.

A galinha do vizinho

A galinha do vizinho
Bota ovo amarelinho
Bota um, bota dois,
Bota três, bota quatro,
Bota cinco, bota mil!
Bota seis, bota sete,
Bota oito, bota nove
Bota dez, bota mil!

Disponível em: https://www.youtube.com/watch?v=jc-vTAaK7Rs. Acesso em: 17 jan. 2025.

O sapo

O sapo não lava o pé.
Não lava porque não quer.
Ele mora lá na lagoa,
Não lava o pé
Porque não quer.
Mas que chulé!

Disponível em: https://www.youtube.com/watch?v=0JkSpPZJDkE. Acesso em: 17 jan. 2025.

Que tal vocês, alunos do 8º ano, prepararem uma atividade para os alunos do 2º e do 3º ano do Ensino Fundamental Anos Iniciais, ensinando-lhes a cantar cantigas e a fazer uma dobradura? Por exemplo, vocês podem cantar a cantiga "A galinha do vizinho" e "O sapo" e fazer a dobradura de uma galinha e de um sapo. Essa é apenas uma sugestão; há muitas cantigas, e vocês podem pesquisar outras.

Observem o passo a passo para fazer as dobraduras da galinha e do sapo.

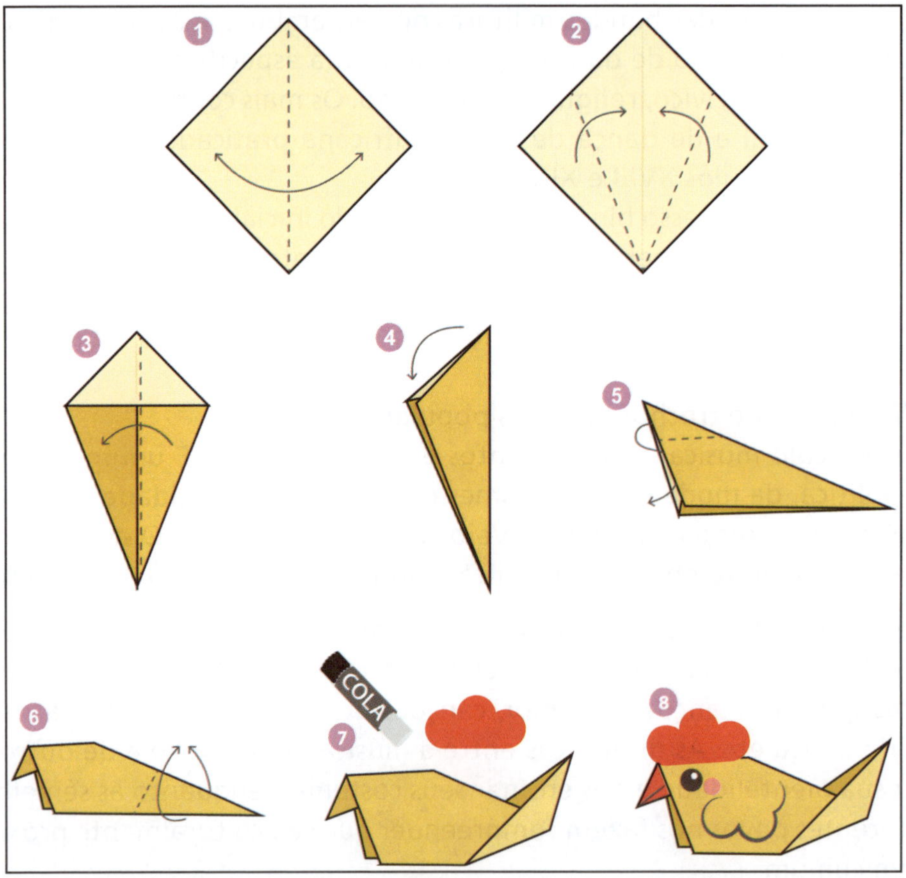

Julia Savko/Shutterstock

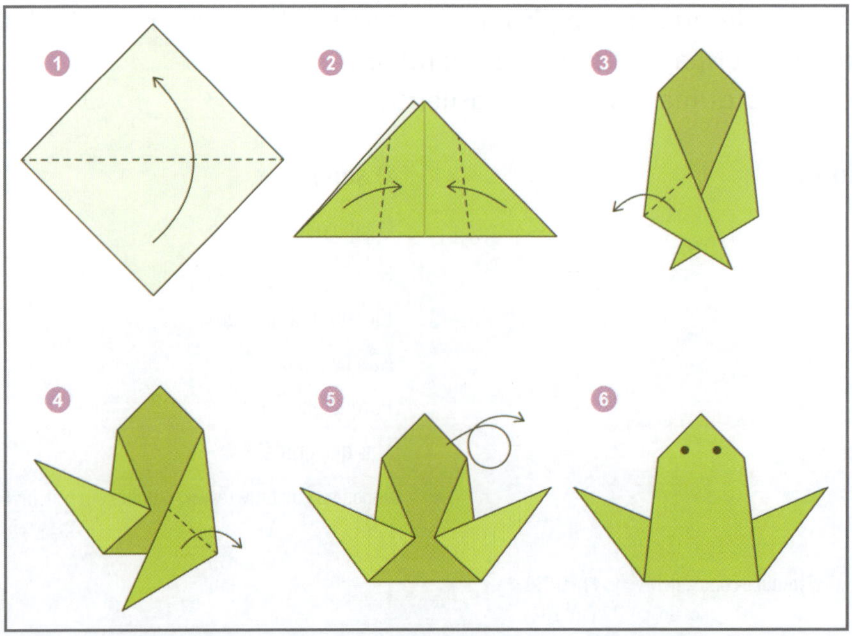

Julia Savko/Shutterstock

LIGANDO COM

O SAMBA PEDE PASSAGEM

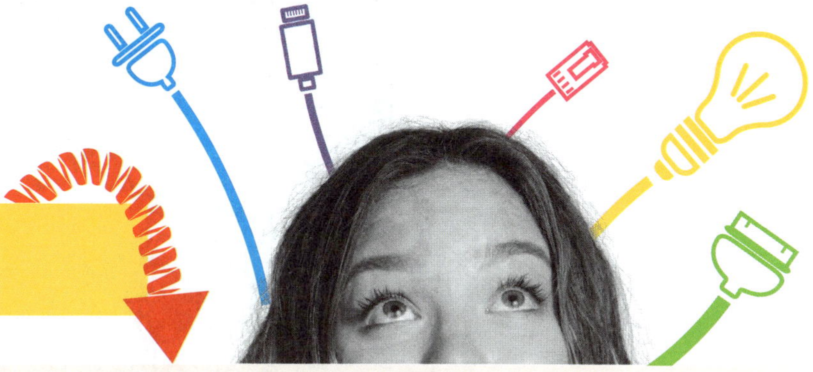

O samba é um gênero musical e um tipo de dança de origem afro-brasileira. Tem ritmo forte, marcado, é tocado com instrumentos de percussão e tem como base violões ou cavaquinhos. As letras geralmente apresentam tom bem-humorado, falam da vida urbana ou de amor.

A palavra "samba" vem de *semba*, do idioma africano quimbundo, e significa "umbigada", dança na qual os participantes se tocam pela barriga. O gênero é derivado de músicas e danças de roda africanas, como o lundu e, sobretudo, o maxixe, primeira dança genuinamente brasileira, criada por volta de 1875, oriunda da Bahia. Por causa do modo de dançar, escandalizou a sociedade do Rio de Janeiro em fins do século XIX.

O samba de roda determinou a essência do samba tipicamente carioca, isto é, o caráter coletivo, com versos de improviso e refrãos cantados em grupo, usando instrumentos como pandeiro, cuíca, cavaquinho e violão. Na virada do século XIX para o século XX, o samba foi se firmando como gênero musical popular dominante nos subúrbios e, depois, nos morros cariocas. Dois sambistas ficaram muito conhecidos nesse contexto: João da Baiana (1887-1974), filho da baiana Tia Perciliana, de Santo Amaro de Purificação, que gravou o samba "Batuque na cozinha", e Donga (Ernesto Joaquim Maria dos Santos, 1890-1974), que registrou, em 27 de novembro de 1916, aquele que ficou conhecido como o primeiro samba registrado em gravadoras, "Pelo telefone". Esse samba é de autoria de Donga e Mauro de Almeida e, ao que se sabe, foi composto no terreiro da casa de Tia Ciata, local onde se reuniam com frequência vários músicos da época.

O samba espalhou-se pelas ruas do Rio de Janeiro, tomou conta do Carnaval e continua a ser um ritmo tipicamente brasileiro.

Em 1930, Ismael Silva e Heitor dos Prazeres destacaram-se com suas composições musicais, e as rádios passaram a tocar músicas regularmente. Nesse ano, surgiram os sambas-enredos no Rio de Janeiro e os desfiles de escolas de samba. Eram exaltados nos enredos as letras da história do país e seus personagens, fato que mudou a partir dos anos 1970, quando passaram a incluir temas de cunho político e social.

O primeiro desfile de escolas de samba oficial aconteceu em 1932, tendo a Mangueira como campeã. A partir de 1935, os desfiles no Rio de Janeiro passaram a receber apoio público.

Uma escola é formada de alas, e cada ala tem uma função específica. Os integrantes das alas têm que cantar, todos juntos, a mesma música, ou seja, o samba-enredo da escola. O carnavalesco é o responsável pela criação das fantasias da escola, dos carros alegóricos e dos acessórios. A comissão de frente é composta de artistas ou personalidades convidadas. São eles os responsáveis por chamar a atenção do público e dos jurados. O mestre-sala e a porta-bandeira têm habilidades técnicas de dança e emocionam a todos com seus passos precisos e graciosos.

Carros alegóricos decorados de acordo com o enredo compõem algumas alas, com passistas ricamente fantasiadas. A bateria traz à frente a figura da rainha e segue os componentes da escola.

Celso Pupo/Shutterstock

Desfile da escola de samba Vila Isabel, do Rio de Janeiro.

A.PAES/Shutterstock

Mestre de bateria à frente da bateria da escola de samba Mangueira, do Rio de Janeiro.

Leia, assista, ouça, acesse, visite!

Acesse

Acesse os *sites* a seguir para conhecer alguns expoentes e alguns gêneros da música popular brasileira.

- Baião: Luiz Gonzaga. Disponível em: https://www.youtube.com/watch?v=mwFGvGMxotc.
- Cânone: *Mulher rendeira*. Disponível em: https://www.youtube.com/watch?v=j8lHl8ys1jI.
- Desafio: repente. Disponível em: https://www.youtube.com/watch?v=-M2sxG5Gjdo.
- Frevo. Disponível em: https://www.youtube.com/watch?v=bip-Ch9CFuk.
- Hino Nacional brasileiro. Disponível em: https://www.youtube.com/watch?v=Z7pFwsX6UVc.
- Lundu. Disponível em: https://www.youtube.com/watch?v=j7RbSk46LMc.
- Modinha: Taiguara. Disponível em: https://www.youtube.com/watch?v=LCOusmLYHC4.
- Roda de samba. Disponível em: https://www.youtube.com/watch?v=NW5ozW5jy64.
  Acessos em: 17 jan. 2025.

Ouça

Apresentação da música "Pelo telefone", de Donga e Mauro de Almeida, com Chico Buarque. Disponível em: https://www.youtube.com/watch?v=fwbRnWl7nIQ. Acesso em: 17 jan. 2025.

FICHA

Na pasta que acompanha este livro, você encontra as fichas para desenvolver as atividades propostas.

• FICHAS 9 E 9A

O samba pede passagem

Leia o fragmento do *Samba da minha terra*, de Dorival Caymmi.

Samba da minha terra

[...]

Quem não gosta de samba, bom sujeito não é
É ruim da cabeça ou doente do pé. [bis]

[...]

Eu nasci com o samba, no samba me criei
Do danado do samba nunca me separei. [bis]

CAYMMI, Dorival. *Samba da minha terra*. Disponível em: https://www.letras.mus.br/dorival-caymmi/45588/. Acesso em: 17 jan. 2025.

ATIVIDADE: Na ficha 9, há uma obra de arte chamada *Roda de samba*, do artista plástico Carybé, considerada referência nacional sobre o tema "samba" nas artes visuais. Observe nela as cores usadas e as formas.

Na ficha 9A, pinte o desenho da obra de Carybé com as cores de que você gosta, mas diferentes das usadas na obra original. Depois, compare sua pintura com a de Carybé.

MATERIAL: lápis de cor e caneta hidrocor.

Conhecendo Hector Julio Páride Bernabó (Carybé)

Conhecido por Carybé, Hector Julio Páride Bernabó nasceu na Argentina, em 7 de fevereiro de 1911, e naturalizou-se brasileiro. Foi pintor, gravador, ilustrador, muralista e desenhista. Apaixonado pela Bahia, tornou-se conhecido por suas obras que retratavam a cultura afro-brasileira, as paisagens e a arquitetura. Chegou a ser secretário de Educação do estado da Bahia. Morreu em 2 de outubro de 1997, em Salvador, capital baiana.

TEMA 5

Picasso – o gênio da pintura

Observe a imagem a seguir.

Museu Reina Sofia em comemoração aos 80 anos de *Guernica*, de Pablo Picasso.

A obra *Guernica*, de Pablo Picasso, comemorou 80 anos em 2017. Passadas essas oito décadas, a obra tornou-se uma denúncia universal das catástrofes de guerra.

Pintada em branco e preto, com quase 4 metros de altura por 8 metros de comprimento, a pintura é vista todos os anos por mais de 3 milhões de visitantes, no Museu Reina Sofia, em Madri, Espanha.

- **Observe a obra *Guernica*, na página 47, e reflita sobre sua temática, levando em consideração os elementos que mais lhe chamam a atenção. Esses elementos podem ser as cores, as formas das figuras, a cena em si, as linhas usadas pelo artista, entre outros.**

A infância do artista

Picasso nasceu em 25 de outubro de 1881, em Málaga, na Espanha. Filho de dona María Picasso López e de Dom José Ruiz, teve o nome escolhido em homenagem a parentes, símbolos religiosos cristãos e conhecidos. Mas Pablo Diego José Francisco de Paula Juan Nepomuceno María de Los Remedios Cipriano Santíssima Trinidad Ruiz y Picasso ficaria conhecido na história como Pablo Picasso.

Disléxico, Picasso descobriu nos desenhos uma forma de se comunicar e entender o que se passava ao redor. Incentivado pelo pai, também pintor, aprendeu a fazer dos desenhos a própria realidade. Indisciplina e rebeldia eram suas marcas. Incapaz de se adaptar às regras impostas pelas escolas regulares, a solução encontrada pelo pai foi matriculá-lo em uma escola de artes. Aos 15 anos, foi para a Escuela de Bellas Artes de Barcelona. Fazia questão de encaminhar os estudos nos próprios termos e dizia que não havia nada que os professores lhe pudessem ensinar.

Disléxico: indivíduo que sofre de dislexia, transtorno que compromete a capacidade de aprender a ler, a escrever e a compreender um texto.

Museu Picasso, Barcelona, Espanha

Ciência e caridade (1897), de Pablo Picasso. Óleo sobre tela, 197 cm × 249,5 cm.

A juventude de Picasso

O artista absorvia o conhecimento rapidamente e sentia necessidade de aprender cada vez mais. Isso o convenceu de que, na Espanha, não havia mais lugar para ele. Precisava se mudar para Paris, onde tudo acontecia. Partiu na véspera do 19º aniversário. Na bagagem, levava um autorretrato intitulado *Yo, Rey* (*Eu, o Rei*). Era um talismã para aplacar o medo que sentia ao cruzar pela primeira vez a fronteira espanhola.

As cores e o agito da capital francesa o encantaram. O contato com a cultura parisiense, no auge do Impressionismo, logo se refletiu em seu trabalho, que mostrava o impacto de artistas como Toulouse-Lautrec e Renoir.

As mulheres foram outra fonte de conhecimento para ele no país. Tinha gosto excêntrico para roupas: só andava com gravatas coloridas, casacos chamativos e cachecol enrolado no pescoço. Tinha charme e magnetismo que o tornavam irresistível às mulheres.

Em Paris, seu estilo como pintor amadureceu, e Picasso tentou expressar sua arte por meio da cor azul. Foi a chamada fase azul. Predominaram nela personagens mendigos, arlequins solitários, mães atormentadas, doentes, famintos, deformados. No meio deles estavam o próprio Picasso e todo seu sofrimento, causado pela perda de um grande amigo, expostos em um autorretrato azul.

Arlequim: personagem da *commedia dell'arte* cuja função era divertir o público durante os intervalos das apresentações; fantasia usada no Carnaval e em bailes de máscaras que lembra o traje desse personagem.

Excêntrico: pessoa com atitudes extravagantes, fora dos padrões considerados normais ou comuns.

Talismã: objeto ao qual é atribuído poder mágico, fora do comum, para proteção de quem o possui.

O velho guitarrista cego (1903), de Pablo Picasso. Óleo sobre tela, 123 cm × 83 cm.

Mãe e criança (1902), de Pablo Picasso. Óleo sobre tela, 122 cm × 97 cm.

Aos 23 anos, Picasso sentia-se pronto para dar um salto rumo ao desconhecido. Após uma temporada na casa dos pais, os tormentos que o perturbavam se acalmaram, e ele resolveu voltar para Paris, determinado a encontrar reconhecimento pelo trabalho. O abrandamento do estado de espírito começava a se refletir nas telas. O azul ainda era predominante, porém um brilho rosa começava a surgir.

Maternidade (1901), de Pablo Picasso. Óleo sobre tela, 784 cm × 1024 cm.

Em uma tarde de 1904, Picasso voltava para seu ateliê em meio a uma tempestade inesperada, quando uma belíssima mulher cruzou seu caminho, completamente encharcada: era Fernande Olivier, aquela que viria a se tornar sua primeira companheira.

A vida que passaram a compartilhar mudou a maneira como o pintor encarava suas obras e a própria relação com as mulheres. O rosa passou a predominar em suas pinturas. Foi a fase rosa. Artistas circenses, arlequins, crianças e saltimbancos tomavam o lugar das infelizes figuras do mundo azul. Seus quadros tornaram-se repletos de ternura e esperança.

Saltimbanco: artista popular integrante de elenco de artistas que viajam de um lugar para outro e se apresentam em circos, feiras ou locais públicos.

Les Demoiselles D'Avignon (1907), de Pablo Picasso. Óleo sobre tela, 243,9 cm × 233,7 cm.

A pintura de Picasso amadurecia conforme ele dava vazão às próprias inquietações. Ideias de uma arte destrutiva começavam a surgir.

Deixando a fase rosa, Picasso viu nos museus de Paris esculturas e máscaras africanas. Ficou fascinado com a forma como a arte africana distorcia o corpo em formas originais e criativas. Influenciado por essa arte, passou a usar cores mais brilhantes em seus trabalhos e começou uma centena de desenhos preparatórios para o quadro *Les Demoiselles D'Avignon*, obra que demorou meses para ser pintada. Convencido de que precisava revolucionar a arte, conheceu nessa época um pintor que se tornaria um de seus amigos mais importantes: Georges Braque. Trabalhando lado a lado, os dois pintores lutavam para eliminar de suas obras os traços do tradicionalismo. O mundo que não o aceitara seria agora rejeitado por ele em suas obras. Era o início do Cubismo, movimento que revolucionou as técnicas e a estética da arte.

O choque causado pelas obras parecia divertir o pintor, que continuava aprimorando com Braque as inovações cubistas. Picasso pintou o denominado cubismo sintético, como ficou conhecida sua pintura nessa fase.

Cubismo: movimento iniciado em Paris cujo princípio mais importante é a substituição das representações pela perspectiva do espaço tridimensional pela apreensão simultânea de várias formas geometrizadas.

Peixes e garrafas (1908-1909), de Pablo Picasso. Óleo sobre tela, 73,5 cm × 60 cm.

No campo pessoal, a relação com Fernande, que durava sete anos, estava desgastada. Fernande acabou deixando Picasso por um pintor futurista. Quase ao mesmo tempo, Picasso caiu de amores por Marcelle de Marcoussis, que rebatizou de Eva, como prova de amor. Era a primeira mulher que ele amava de verdade. Nesse período, suas obras já estavam sendo expostas em Munique, Berlim, Praga e Nova York. O reconhecimento que tanto desejara era agora visível e palpável.

Momentos difíceis

A morte do pai, em 1913, seu maior admirador e incentivador, desestabilizou o pintor. Logo depois, a amada Eva adoeceu, com bronquite. Era como se Picasso estivesse cercado da morte. Com o início da Primeira Guerra Mundial, o crescente isolamento e a visível deterioração da saúde de Eva, além das imagens e das notícias do campo de batalha, despertaram o lado mais sombrio da personalidade do artista.

Quando Eva precisou ser hospitalizada, Picasso ficou apavorado com a perspectiva de dormir sozinho e buscou companhia em uma bela jovem parisiense chamada Gaby Lespinasse. Pouco depois, Eva faleceu. O funeral aumentou a crescente sensação de culpa e o isolamento que o afligiam.

O artista resolveu partir para Roma. Seus planos eram ficar com uma companhia de dança para pintar figurinos e cenários de um novo espetáculo de balé que se apresentaria nas cidades de Montparnasse e Montmartre. Picasso faria os figurinos e os cenários, e Erik Satie ficaria responsável pelas músicas. A ideia era ousada: as duas cidades viviam uma ferrenha ditadura. Na cidade italiana, conheceu a jovem bailarina russa Olga Khokhlova, que o fez esquecer todas as outras desconhecidas casuais que preenchiam suas noites.

Ferrenho: severo, rígido, implacável.

Olga representou um desafio para Picasso, que, acostumado a ter as mulheres que queria, precisava se desdobrar para ganhar a atenção da bailarina. Aos 36 anos, o pintor, que se orgulhava de sempre ter o controle absoluto das situações, abraçou o desafio de conquistar Olga.

AKG images/Fotoarena

Pablo Picasso e Olga Khokhlova, em 1917.

Em Roma

Dandismo: afetação no comportamento ou no modo de vestir.

Na Itália, o pintor conheceu outro artista genial que o cativou: Ígor Stravinsky, que foi uma nova descoberta para Picasso, e vice-versa. O pintor ficou fascinado com o trabalho, a figura e o dandismo do compositor.

De volta à França em 1917, Picasso resolveu se casar com Olga, apesar de todos os sinais de que o relacionamento não teria futuro. Aos 40 anos, descobriu que seria pai. Para o eterno adolescente, a aceitação de que teria um filho não foi um processo fácil. Em fevereiro de 1921, Olga deu à luz um menino. O orgulho e o prazer de ser pai deixaram de lado as angústias do pintor, que registrou em uma série de esboços os primeiros meses do filho. Mas logo a sensação de desconforto reapareceu, revelando-se em uma sucessão de quadros de mãe e filho intocáveis, isolados e inacessíveis.

Em 1928, Picasso conheceu Marie-Thérèse Walter durante as férias de verão e, fascinado por sua beleza e juventude, começou um novo romance. Com ela, renovou o desejo pela pintura e deu início a um novo estilo, talvez o mais conhecido de Picasso.

Mulher chorando (1936), de Pablo Picasso. Óleo sobre tela, 61 cm × 50 cm.

Retrato de Marie-Thérèse (1927), de Pablo Picasso. Óleo sobre tela, 130 cm × 97 cm.

Guernica

Em julho de 1936, chegou a Paris a notícia de que eclodira a guerra civil na Espanha. Os boletins políticos chegavam cada dia mais sangrentos. A raiva e o tormento pessoal de Picasso prenunciavam o horror que se abateria no mundo. Em seus quadros, a guerra já havia sido declarada pela Alemanha.

O governo espanhol encomendou a Picasso uma tela para o pavilhão nacional da Exposição Mundial de Paris. A princípio, o pintor adiou a entrega do pedido, detestando o nível de obrigação da encomenda. Foi preciso o bombardeio de Guernica, cidadezinha basca, em abril de 1937, para mobilizar seu gênio criador. Em apenas um mês, Picasso pintou a tela de 3,5 metros de altura por 7,82 metros de comprimento.

Dos 7 mil habitantes de Guernica, 1 600 morreram, e a cidade perdeu 70% da estrutura com o bombardeio de 43 aviões alemães. Picasso retratava em sua *Guernica* o horror da guerra civil espanhola, da destruição e da tragédia. A repercussão de *Guernica* foi praticamente imediata. O mundo se rendeu à genialidade de Picasso.

Guernica (1937), de Pablo Picasso. Óleo sobre tela, 350 cm × 782 cm.

O mural foi pintado para o Pavilhão da República Espanhola, na Exposição Internacional de Paris.

Pouco tempo depois, a Segunda Guerra Mundial interferiria na vida de Picasso, prestes a completar 60 anos. Depois que os alemães derrotaram as forças franco-britânicas, Picasso passou a temer por suas obras.

Paris libertada

A libertação de Paris, proclamada em agosto de 1944, anunciou um momento decisivo na vida de Picasso. Se antes era um pintor mundialmente famoso, agora se tornara uma lenda. Picasso era símbolo da vitória da resistência sobre a opressão. Era aclamado e festejado. Foi nesse clima de festa que se filiou ao Partido Comunista Francês.

Retrato de Dora Maar (1937), de Pablo Picasso. Óleo sobre tela, 92 cm × 65 cm.

Conheceu Françoise Gilot. Bem mais jovem que ele, tinha dificuldade de ser ela mesma no mundo em que tudo girava em torno de Picasso. Mas ele sempre encontrava uma maneira de fazê-la se render a seus sentimentos. Por isso, ficou radiante quando soube que a amante estava grávida.

O nascimento de mais um menino foi a alegria do artista, já com 66 anos. Claude Pierre Pablo Picasso veio ao mundo em maio de 1947.

Picasso e o tempo

Com o passar dos anos, Picasso iniciou uma frenética corrida contra o tempo. Sentia que não podia desperdiçar um minuto. Dividia o tempo entre mulheres, touradas e noitadas. Mas estava infeliz.

Em 1969, pintou 140 telas para serem expostas no Palácio dos Papas em Avignon, na França.

A ideia da morte o apavorava tanto que proibiu os filhos de vê-lo. Para Picasso, os filhos eram uma constante lembrança de como estava velho. Com mais de 80 anos, perdera a capacidade da alegria.

No outono de 1972, foi internado com edema pulmonar. Foi o início da luta contra a doença que o levaria à morte. Na manhã de abril de 1973, os pulmões e o coração pararam de funcionar. O gênio estava morto, aos 91 anos.

Argentina. Revista Vea y Lea, Public domain, via Wikimedia Co

Pablo Picasso, em março de 1962.

LIGANDO COM DISLEXIA

Picasso tinha dificuldade de aprendizado por causa da dislexia (distúrbio de linguagem e/ou leitura), mas não permitiu que ela o impedisse de buscar seu sonho... ser artista!

Muitas personalidades superaram a dislexia e deixaram seu legado em vários segmentos.

- **Albert Einstein** (cientista)
- **John F. Kennedy** (político)
- **John Lennon** (músico)
- **Keanu Reeves** (ator)
- **Leonardo da Vinci** (artista e cientista)
- **Muhammad Ali** (pugilista)
- **Steve Jobs** (empresário, cofundador da Apple)
- **Steven Spielberg** (diretor e produtor de cinema)
- **Tom Cruise** (ator)
- **Walt Disney** (fundador da Walt Disney)
- **Whoopi Goldberg** (atriz)

Leia, assista, ouça, acesse, visite!

Assista

Picasso at work. Vídeo que mostra o artista trabalhando em suas obras.
Disponível em: https://www.youtube.com/watch?v=9cpg7zCox7k. Acesso em: 18 jan. 2025.

FICHA

Na pasta que acompanha este livro, você encontra as fichas para desenvolver as atividades propostas.

• FICHA 10

Picasso – Desenho e pintura cubista – desenho e pintura

ATIVIDADE: No movimento cubista, o artista representa, em um mesmo desenho, o mesmo objeto, visto de diferentes lados. Quando vemos uma obra de um rosto, por exemplo, podemos ver um olho de frente e outro de perfil.

Observe esta obra de Picasso. Na ficha, há o contorno de um rosto. Complete o desenho colocando os olhos, o nariz e a boca vistos de diferentes ângulos. Depois pinte com giz de cera e faça linhas fortes, como as de Picasso, para dar ênfase às formas desenhadas.

MATERIAL: lápis grafite, borracha e giz de cera.

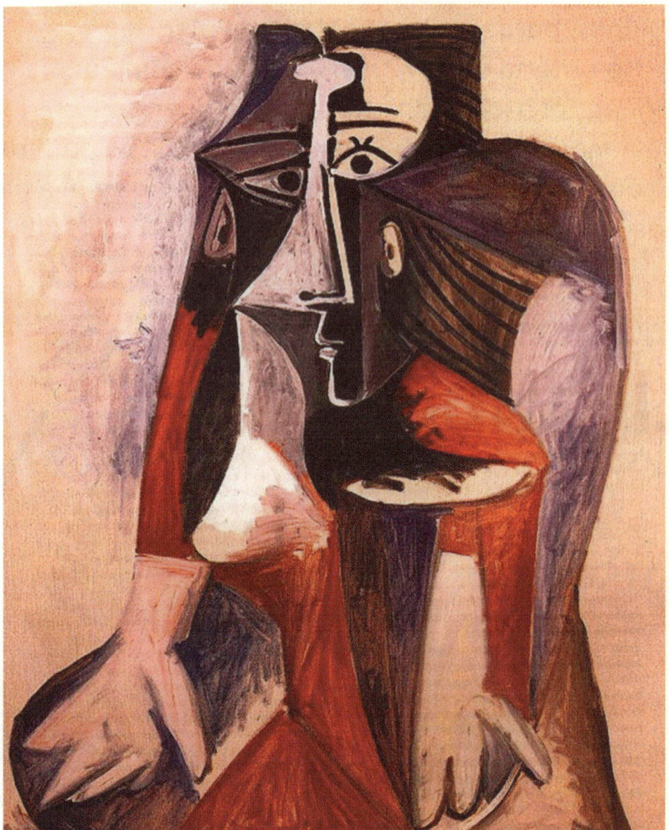

Seated woman (*Jacqueline*) (1960), de Pablo Picasso. Óleo sobre tela, 100 cm × 80,5 cm.

• FICHA 11

Técnica mista – Pablo Picasso – desenho e colagem

ATIVIDADE: Usando a obra *Guitarra* como referência, crie uma composição com colagem, lápis de cor ou giz de cera. Utilize rótulos de garrafa, folhas de jornal, de revista, papel de embrulho ou, ainda, outro tipo de papel que achar mais conveniente. Antes de começar a colar, faça um esboço do seu trabalho e veja quais materiais podem ser usados para deixar sua obra de arte mais interessante. Uma sugestão é utilizar um instrumento musical, como Picasso, para ser o centro da composição. Dê nome à sua obra.

MATERIAL: papéis diversos, tesoura com pontas arredondadas, cola em bastão, lápis grafite, borracha, lápis de cor e giz de cera.

A obra de Picasso foi feita usando como base a colagem. O pintor misturou nela papéis diferentes (jornal, revista, embrulho e papelão), além do desenho e da pintura. Picasso utilizava também rótulos de garrafas de vinho e de outras embalagens.

• FICHAS 12 E 12A

Escultura com máscara baseada nas obras de Picasso

ATIVIDADE: Na ficha, há as fotos do passo a passo para criar uma escultura com base nas obras cubistas de Pablo Picasso.

Cada aluno deve providenciar um pedaço de papelão e fazer nele o contorno de um rosto, de aproximadamente 24 cm de altura por 16 cm de largura (foto 1).

Usando os moldes da ficha como sugestão, desenhe e recorte os olhos, o nariz, a boca e as sobrancelhas (foto 2).

A seguir, dê uma demão de branco em cada uma das partes (fotos 3A e 3B), para que as cores fiquem mais vivas. Depois, pinte cada parte usando tinta acrílica ou guache. Após secas, faça a colagem, formando o rosto cubista. Use a criatividade na escolha das cores e das formas.

Guitarra (1913), de Pablo Picasso. Tinta, lápis, carvão e papel colado, 66,3 cm × 49,5 cm.

Além dos modelos sugeridos na ficha 12A, se desejar, crie outras formas. O contorno do rosto pode ser irregular, sem preocupação de semelhança com o real. Para fazer as linhas pretas de contorno, se tiver dificuldade em usar um pincel fino, use caneta permanente de ponta grossa.

Para montar a escultura, é necessário um suporte. No modelo, foram usados três palitos para churrasco unidos por fita adesiva colorida (foto 4); a base é uma lata com gesso.

Para preparar o gesso, use duas partes de gesso para uma parte de água (foto 5). Misture em um recipiente descartável e coloque na lata. Quando o gesso começar a ficar firme, ponha o palito (foto 6).

Aguarde a secagem, forre a lata com papel colorido e cole a máscara no palito (foto 7).

MATERIAL: pedaço de papelão de 30 cm × 30 cm (aproximadamente), lápis grafite, borracha, tinta acrílica ou guache em cores variadas, pincéis de tamanhos variados, caneta preta permanente (opcional), palitos para churrasco, fita adesiva colorida, tira de papel de cor livre (para forrar a lata), tesoura com pontas arredondadas e cola líquida.

TEMA 6

Op-art

Observe a imagem a seguir,

Homenagem a Picasso (1973), de Victor Vasarely. Técnica mista, 50 cm × 50 cm.

A *op-art* é um movimento artístico, também chamado arte óptica (ou *optical art*, em inglês), que atingiu o auge nos anos 1960, nos Estados Unidos, onde ocorreu a primeira exposição no Museu de Arte Moderna de Nova York (MoMA), em 1965, intitulada *The responsive eye* (*O olho que responde*). As obras que fazem parte desse movimento têm como base a ilusão de óptica, recurso visual que confunde a visão humana. Um exemplo de obra *op-art* é *Homenagem a Picasso*, de Victor Vasarely, que abre este tema.

A arte da ilusão

A *op-art* tem como base a frase "menos expressão, mais visualização", com o objetivo de expressar possibilidades ilimitadas de mudanças no mundo. Entre suas características estão os efeitos ópticos e visuais que levam o observador para "dentro" da tela, onde a obra só se completa com o olhar desse observador.

Os efeitos ópticos são criados com linhas, grafismos, cores, figuras planas e geométricas e estampas que variam à medida que os olhos humanos percorrem a obra. Na realidade, a intenção dos artistas da *op-art* é perturbar, confundir nosso senso de visão, e por essa razão, muitas vezes, esse movimento é definido como "a arte que engana o olho".

Os principais criadores da *op-art* foram Victor Vasarely (criador da plástica do movimento), Kenneth Noland (arquiteto), François Morellet (pintor francês), Bridget Riley (pintora inglesa) e Franco Grignani (pintor, gráfico e projetista italiano).

Observe algumas obras desse movimento.

Vega III (1957-1959), de Victor Vasarely. Óleo sobre tela, 130 cm × 194,7 cm.

Vega-nor (1969), de Victor Vasarely. Acrílica sobre tela, 200 cm × 200 cm.

Zebra (1932), de Victor Vasarely. Óleo sobre tela, 112 cm × 102,9 cm.

Keple Gestalt (1968), de Victor Vasarely. Acrílico sobre tela, 160 cm × 160 cm.

Observe que as obras da *op-art* apresentam diferentes figuras geométricas, coloridas ou em preto e branco. Esses desenhos combinados de forma harmônica provocam sensações ópticas e de movimento.

Conhecendo Victor Vasarely

Pintor e artista gráfico, Victor Vasarely nasceu em 1908, em Pécs, na Hungria. Iniciou os estudos em medicina, os quais abandonou para se dedicar às belas-artes. Em seguida, foi para a Mühely Academy, também chamada Bauhaus de Budapeste, e se tornou aluno de Sándor Bortnyik. É possível encontrar, na perfeição de seu desenho, o traço da formação sólida em arquitetura. Vasarely descobriu a arte abstrata por intermédio de Kandinsky, Kazimir Malevich e Paul Klee. Era fascinado por cor e óptica.

A primeira exposição pessoal foi realizada em Budapeste, em 1930, quando se mudou para Paris com a esposa. Trabalhou lá como desenhista e consultor artístico e conseguiu grandes contratos nas principais agências de publicidade. Fascinado por padrões lineares, projetou trabalhos tridimensionais compostos de várias camadas que criam a ilusão de espessura. Em seguida, explorou a geometria, poucas cores e arte abstrata. Em 1943, fez da pintura a óleo sua principal técnica e trabalhou em pinturas abstratas e figurativas. Pintou retratos, naturezas-mortas e paisagens e seguiu uma série de trabalhos em Belle-Île-en-Mer, onde mostrou a geometria na natureza. No ano seguinte, participou pela primeira vez de uma exposição parisiense. Fez uso de formas geométricas e linhas de cor para criar a ilusão de movimento, conduziu experimentos com arte cinética e explorou ainda mais o conceito de que forma e cor são inseparáveis. Escreveu o *Manifesto Amarelo* em 1955, no qual define arte cinética. Em 1965, participou da exposição *The responsive eye*, em Nova York, que dedicou à *op-art*. Em 1976, criou sua fundação em Aix-en-Provence, projetando por completo um edifício que concretiza sua concepção de arte na cidade. Morreu em 1997, em Annet-sur-Marne, na França, aos 89 anos. É reconhecido como pai da *op-art*.

LIGANDO COM

ILUSÃO DE ÓPTICA OU ILUSÕES PARADOXAIS?

A ilusão de óptica é uma ilusão que engana o cérebro e leva a uma percepção distorcida da realidade. Pode ocorrer naturalmente ou ser criada por efeitos visuais específicos que podem destacar os princípios operacionais da visão.

Nas ilusões cognitivas, o cérebro tenta interpretar um objeto real impossível (em três dimensões). São as mais interessantes e conhecidas.

As ilusões distorcidas são as mais comuns. Oferecem distorções de tamanho, largura ou curvatura. São facilmente identificáveis.

As ilusões paradoxais referem-se a objetos impossíveis, como as escadas vistas no trabalho de Maurits Cornelis Escher.

As ilusões fictícias permitem a percepção de objetos que não são realmente visíveis ao observador, como aqueles causados pela esquizofrenia ou por alucinógenos.

Nas artes visuais, vários efeitos podem desviar ou desestabilizar o espectador de uma imagem. Não se trata de interpretação de nosso cérebro ou de perceber nosso erro, mas sim de tentativa voluntária de distorcer a percepção objetiva ou criar elementos impossíveis, de acordo com as leis da Física que satisfaçam aos desejos do artista.

Essa é uma das obras mais conhecidas do artista – a imagem revela uma escada "impossível", desenhada em ângulos diferentes, em que pessoas sobem e descem desafiando a lei da gravidade e criando no espectador uma sensação, no mínimo, de estranhamento.

Museu de Arte Moderna de Nova York

Relatividade (1953), de M. C. Escher. Litografia, 29,7 cm × 28,8 cm.

Alucinógeno: substância que provoca alucinações.

FICHA

Na pasta que acompanha este livro, você encontra as fichas para desenvolver as atividades propostas.

• FICHA 13

Pintura com efeito de *op-art* – pintura

ATIVIDADE: Na ficha, há um desenho igual ao do modelo a seguir, mas que deve ser colorido. Escolha quatro cores de lápis de cor e pinte alternadamente, conforme o modelo. Para conseguir esse efeito de luz e sombra, que dá a impressão de ondas, é importante pintar fazendo um sombreado com o lápis.

Para obter o sombreado, o que importa é a pressão aplicada na hora de pintar: quanto mais pressão sobre o papel, mais forte a cor fica. Assim, comece sempre pelo mais escuro e vá diminuindo a pressão para que a cor fique mais clara.

Antes de fazer a pintura na ficha, experimente fazê-la em um papel à parte.

MATERIAL: lápis de cor e apontador.

Acervo das autoras

• FICHA 14

Criando efeito de *op-art* – pintura

ATIVIDADE: Na ficha, há dois desenhos para colorir, criando o efeito *op-art*. No primeiro, use apenas uma cor de sua escolha e siga o esquema de pintura que aparece no modelo.

No segundo, você tem a opção de criar efeitos diferentes. Escolha as cores de que vai precisar. Para cada cubo você irá precisar de três tons de lápis de cor para cada cor escolhida.

MATERIAL: lápis de cor e caneta hidrocor.

TEMA 7

Barroco: expressividade, luxo e riqueza

Observe a imagem a seguir

Luciano Queiroz/Shutterstock

Profeta Oseias, escultura em pedra-sabão que integra o conjunto escultórico dos 12 profetas na entrada do Santuário de Bom Jesus de Matozinhos, Congonhas (MG).

A arte barroca está representada em vários estados do Brasil, sendo destaque o Barroco mineiro nas obras de Antônio Francisco Lisboa (Aleijadinho), como nessa imagem de abertura do tema, de Bom Jesus de Matozinhos, em Congonhas, Minas Gerais.

Surgimento do estilo barroco

No século XVII, a Europa passou por períodos difíceis, caracterizados pela política absolutista e por problemas religiosos, como a Reforma e a Contrarreforma. Foi o momento em que se consolidaram os grandes Estados Nacionais e, portanto, surgiram várias escolas artísticas.

Foi na Itália, porém, sob dominação espanhola, que surgiu o Barroco, do espanhol *barrueco*. O termo "barroco" exprime uma tendência geral de linhas curvas e quebradas, uma abundância de detalhes e visões cenográficas de efeitos grandiosos. Em sentido figurado, usa-se o termo para toda forma extravagante e excessivamente trabalhada. No Barroco, predominam as emoções, não a razão.

O Barroco teve muita força na arquitetura e na escultura, mas ganhou presença também na pintura e em outros setores artísticos.

As obras exprimem visão trágica da realidade, apresentando grandes efeitos de luz e sombra. Muitos personagens parecem flutuar no ar: é um efeito chamado ilusionismo.

Entre os pintores barrocos italianos, destacamos Caravaggio, Annibale Carracci, Tintoretto e Andrea Pozzo.

Galleria Borghese, Roma

Rapaz com cesto de frutas (c. 1593), de Caravaggio. Óleo sobre tela, 70 cm × 67 cm.

Ilusionismo: arte de criar ilusão por meio de artifícios e truques; arte de produzir fenômenos que parecem contradizer as leis naturais. Em pintura: uso de técnicas pictóricas para "enganar o olho", criar a ilusão da realidade.

Conhecendo Caravaggio

Ottavio Leoni, Public domain, via Wikimedia Commons

Michelangelo Merisi, conhecido como Caravaggio, foi um dos mais notáveis pintores italianos do período barroco. Nasceu em 1571, em Milão, na Itália, onde também estudou. Tinha temperamento passional; amava a vida e a liberdade. Viveu apenas 38 anos, mas deixou fortes marcas em sua pintura. Ao pintar, costumava usar pessoas do povo como modelos, eternizando-as em muitas obras. Foi mestre no uso do claro-escuro, produzindo efeito de forte dramaticidade em suas pinturas. Morreu em 1610, em Porto Ercole, na Itália.

Mariia Golovianko/Shutterstock

A glorificação de Santo Inácio, de Andrea Pozzo. Afresco da Igreja de Santo Inácio, em Roma, Itália.

Conhecendo Andrea Pozzo

Francesco Bini, CC BY-SA 4.0, via Wikimedia Commons

Andrea Pozzo nasceu em Trento, na Itália, em 1642. Aparentemente, iniciou a formação em arte como autodidata, copiando obras célebres. Para se aperfeiçoar, em 1660, o pai o colocou como discípulo de um pintor não identificado, e pode ter estudado com mais de um artista. Também parece ter se envolvido com o teatro, o que lhe despertou o interesse por cenografia e pintura ilusionista. Em 1665, entrou para a Companhia de Jesus de Gênova, onde vendia pinturas para conseguir fundos para a congregação. Ao fim do noviciado, em 1668, pensou em abandonar a arte para se dedicar exclusivamente à religião, mas suas obras foram vistas pelo pintor Luigi Scaramuccia, que persuadiu os jesuítas a incentivar seu talento. Então, mudou-se para Milão e deu continuidade às atividades artísticas.

Os anos seguintes foram de muita produção artística e de aperfeiçoamento dos estudos de perspectiva pictórico-arquitetural. Em 1676, interveio nas reformas da Igreja de São Francisco Xavier e, empregando a técnica ilusionista, realizou murais, pintou uma falsa cúpula e outros elementos arquitetônicos. Morreu em 1709, em Viena, na Áustria, aos 67 anos.

Arquitetura e urbanismo

Durante o período barroco, os grandes complexos urbanísticos foram favorecidos, bem como as construções de grandes igrejas, praças, oratórios e enormes jardins.

Dois arquitetos, Gian Lorenzo Bernini e Francesco Borromini, destacaram-se no cenário barroco da Itália. O primeiro tinha gosto clássico; o segundo primava pela fantasia.

A arquitetura, nesse momento, apresentava-se como reação às formas ordenadas do Renascimento. Surgiram curvas, arcos decorados, reentrâncias e jogos de luz.

O interior das igrejas barrocas era sempre muito trabalhado, com paredes recurvadas, espaços revestidos de mármore e colunas douradas.

Stefano Tammaro/Shutterstock

Praça de São Pedro, no Vaticano, projeto original de Bernini, século XVII.

Conhecendo Gian Lorenzo Bernini

Gian Lorenzo Bernini, Public domain, via Wikimedia Commons

O escultor, arquiteto, pintor, desenhista, cenógrafo e criador de espetáculos italiano Gian Lorenzo Bernini nasceu em Nápoles, em 1598, e morreu em Roma, em 1680. Considerado representante do barroco italiano, teve, desde a infância, forte influência do pai, também mestre escultor e arquiteto. Começou a trabalhar em Roma ainda muito jovem, por ter atraído a atenção do Vaticano para suas criações em trabalhos realizados com o pai. Recebeu patrocínio da Igreja e, sob a proteção de papas e cardeais, pôde desenvolver inúmeras obras, com variadas temáticas, como esculturas, retratos, restaurações e outras, que até hoje permanecem no Vaticano e em outros locais.

Michele Vacchiano/Shutterstock

Igreja de Santo Ivo de La Sapienza em estilo barroco, em Roma. Projeto de Borromini. Construção entre 1642-1660.

Conhecendo Francesco Borromini

Biblioteca ETH Zurique, Rar 3115/ Marca de Domínio Público

Francesco Borromini nasceu em 1599, em Bissone, na Lombardia. Após breve passagem por Milão, onde se iniciou na escultura, mudou-se para Roma e trabalhou como escultor e desenhista de projetos arquitetônicos. Colaborou com Bernini na construção do palácio Barberini. Depois, trabalhou por conta própria, em um período em que Roma se dedicava à intensa atividade arquitetônica. Realizou quase todas as obras por encomenda das ordens religiosas.

Um dos três grandes arquitetos do barroco romano, com Bernini e Pietro da Cortona, Borromini destacou-se pelo dinamismo e pela originalidade ao idealizar fachadas ondulantes e criar formas arquitetônicas com deliberada alteração das proporções. Arquiteto preferido do papa Inocêncio X, recebeu deste, entre outras atribuições, a de reconstruir a Basílica de São João de Latrão e edificar o templo de Santa Inês, com fachada côncava entre duas torres. Morreu em Roma, em 1667.

Escultura

Também na escultura, o Barroco apresenta expressividade, realismo e características bastante detalhadas. Muita riqueza e materiais preciosos (mármore, bronze, prata e madeira) aparecem em inúmeras peças em alto-relevo, estátuas, fontes e jardins.

A escultura a seguir é considerada uma das mais fantásticas obras de Bernini, esculpida quando o artista tinha 24 anos.

Irisphoto1/Shutterstock

O rapto de Proserpina (1621-1622), de Gian Lorenzo Bernini. Estátua em mármore.

Wjarek/Shutterstock

O rapto de Proserpina (1621-1622), de Gian Lorenzo Bernini. Estátua em mármore (detalhe).

O Barroco fora da Itália

Durante a rápida difusão na Europa, a arquitetura barroca caracterizou-se e diferenciou-se conforme a cultura e a tradição locais. Por exemplo, na Espanha, recebeu influência mourisca (árabe), bem diferente do Barroco dos Países Baixos (Bélgica e Holanda).

Bélgica

A pintura flamenga praticamente foi iniciada por Peter Paul Rubens (1557-1640), pintor e diplomata. Grande retratista, seus personagens aparecem pintados com ricos trajes, em pinturas luminosas e sensuais.

Apreciava figuras mitológicas, históricas e religiosas e procurou descobrir vários efeitos cromáticos, como os da sombra obtida com cores quentes, os quais, mais tarde, serviriam de modelo para impressionistas como Eugène Delacroix.

Museu Nacional do Prado, Madri

O jardim do amor (1633), de Peter Paul Rubens. Óleo sobre tela, 198 cm × 283 cm.

Mauritshuis, Haia, Holanda

Moça com brinco de pérolas (1665), de Johannes Vermeer. Óleo sobre tela, 44,5 cm × 39 cm.

Holanda

A pintura holandesa assume grandiosidade e maturidade. Predominam as obras de cavalete, de pequeno formato, pelas quais os ricos burgueses pagavam preços altos.

Destacaram-se, nesse tipo de pintura, Rembrandt (1606-1669), Frans Hals (1582-1666), Johannes Vermeer (1632-1675), entre outros.

França

Na França, grande número de pintores merece destaque, entre eles Louis Le Nain, Georges de Lar Tour, Gallé Lorenese, Pierre Puget, Nicolas Poussin e François Boucher.

Museu de Arte da Filadélfia, EUA

O triunfo de Netuno e Anfitrite (1634), de Nicolas Poussin. Óleo sobre tela, 123 cm × 119 cm.

Staatliche Kunsthalle Karlsruhe, Alemanha

Pastores (1760), de François Boucher. Óleo sobre tela, 64,5 cm × 81 cm.

Espanha

Entre os pintores espanhóis, destacam-se Diego Velázquez, Francisco de Zurbarán e Bartolomé Esteban Murillo.

Velázquez (1599-1660) foi o mais célebre pintor da corte. Sua pintura era essencialmente espontânea e dela brotava uma espécie de realismo mágico. Soube trabalhar muito bem as luzes. Com técnicas cromáticas, deu início ao Impressionismo.

Suas grandes telas estão principalmente no Museu do Prado, em Madri, sendo uma das mais célebres *As meninas*, de 1656. Nessa obra, Velázquez mostra personagens da corte com vestidos suntuosos.

Francisco de Zurbarán (1598-1664) foi um pintor genial. Tal como Murillo e Velázquez, transmitiu, em suas obras, com temas e técnicas quase inalteráveis ao longo da vida, a notável influência do Século de Ouro nas artes.

Bartolomé Esteban Murillo (1618-1682), segundo os críticos, foi menos dotado que Velázquez, mas se distinguiu, sobretudo, pintando crianças pobres.

Ainda no Período Setecentista, predominou o Barroco, mas com forma mais expressiva, trabalhada com riqueza de detalhes: era o estilo rococó. Para muitos historiadores, o termo "rococó" está inserido no Barroco, no período de 1710 a 1780.

O rococó foi um estilo rico e muito usado pela classe dominante, que havia praticamente perdido o contato com o homem do campo e com os problemas sociais que afligiam o homem da cidade. Enquanto essa sociedade abastada estava longe dos problemas sociais, um grupo de grandes pensadores e escritores (iluministas e enciclopedistas) preparava o panorama da Revolução Francesa, que viria a acontecer próximo ao fim do século XVIII, mudando completamente a mentalidade social da França e do mundo. As manifestações artísticas (arquitetura, escultura e pintura) refletiram os contrastes sociais.

Período Setecentista: período relativo aos anos 1700, século XVIII.
Rococó: do francês *rocaille*. Em arte, é o estilo que se desenvolveu na Europa no século XVIII, cujas características são uso de cores luminosas e suaves em contraposição às cores fortes; uso de linhas leves, sutis, delicadas e curvas; temas relacionados à natureza, à vida cotidiana, às relações humanas; entre outros.

Galleria Doria Pamphilj, Rome

Papa Inocêncio X (cerca de 1650), de Diego Velázquez. Óleo sobre tela, 141 cm × 119 cm.

Dulwich Picture Gallery, Londres

A menina da flor (1670), de Bartolomé Esteban Murillo. Óleo sobre tela, 120,7 cm × 98,3 cm.

O Barroco no Brasil

No Brasil, o Barroco deve ser entendido em sentido bem mais amplo, para abranger também (ou principalmente) a arte e a arquitetura do século XVIII. Na realidade, esse estilo artístico já estava em declínio na Europa, quando, no Brasil, experimentava-se seu maior florescimento, como demonstram *Os doze profetas*, de Aleijadinho, e a pintura em perspectiva no forro da Igreja de São Francisco de Assis, em Ouro Preto, nas Minas Gerais, de Manoel da Costa Ataíde, concluídos por volta de 1808-1809, portanto já no século XIX.

O século XVIII é considerado a Idade de Ouro do Brasil (na expressão de Charles R. Boxer), por ser aquele em que se descobriram quantidades significativas de ouro e pedras preciosas em uma região que, por isso mesmo, tornaria-se conhecida como as Minas Gerais. O fato de Minas ter servido de cenário nesse período para um surto de efervescência artística não foi mera coincidência. Na América Colonial portuguesa e em zonas de mineração, como Ouro Preto, no Brasil, localizaram-se os principais centros de irradiação artística e cultural.

Efervescência: excitação; agitação, fervura; ebulição.

Carlos Alberto/Imprensa MG

Interior da Basílica Menor Nossa Senhora do Pilar, também conhecida como Igreja Matriz Nossa Senhora do Pilar. Ouro Preto, MG.

O Barroco brasileiro apresenta-se menos rebuscado e mais sóbrio. Desenvolvido desde cedo por mão de obra negra e principalmente mulata, ficou mais próximo do povo. Observando atentamente as várias vertentes nas quais se difundiu o Barroco pelo país, podem-se ver apenas duas: o barroco litorâneo, de Pernambuco, da Bahia e do Rio de Janeiro; e o barroco interiorano, que é, sobretudo, o de Minas Gerais.

Rebuscado: exageradamente enfeitado.

Vertente: ramificação de um movimento, com pontos de vista próprios. Em arte, lados, sentidos.

No litoral, o barroco trazido da Europa manteve-se menos independente, mais preso a Portugal. No interior, o estilo viu-se obrigado, pelas circunstâncias, a adotar soluções próprias, tornando-se mais original. Por isso, vários estudiosos costumam ver, na arte mineira do século XVIII, a expressão mais brasileira do Barroco no Brasil, enquanto a arte da Bahia, por exemplo, conserva-se bem mais "portuguesa". Há, ainda, outra distinção fundamental entre o barroco mineiro e o baiano: este último reflete os gostos de uma sociedade rural aristocrática, sendo, por conseguinte, mais requintado, enquanto o barroco mineiro nasce em uma sociedade urbana e ideologicamente burguesa, enriquecida a duras penas na mineração e contrária a ostentações.

Mateus Fiuza/Shutterstock

Interior da Igreja de São Francisco. Salvador, BA.

Alexandre Malta/Shutterstock

A Igreja de São Francisco de Assis é a maior obra do barroco brasileiro. Ouro Preto, MG.

No Brasil do século XVIII, a pintura, do mesmo modo que as demais artes e ofícios, continuava sendo praticada, ensinada e orientada por religiosos jesuítas, beneditinos, franciscanos, dominicanos etc. Eles eram padres, monges e frades, cujas nacionalidades eram não só portuguesas como também alemãs, francesas, italianas, espanholas, austríacas, belgas, entre outras, cada qual com suas características e peculiaridades de diversos estilos, contribuindo para o enriquecimento do barroco brasileiro.

Na pintura setecentista brasileira, predominou a temática religiosa, embora houvesse retratos, raras decorações de tema profano e até pagão e, ainda mais raras, interpretações estilizadas da paisagem local. A pintura de cavalete foi excepcionalmente praticada, com ênfase na arquitetônica. Sobretudo após 1732, experimentou grande desenvolvimento a pintura de perspectiva, que se caracterizava principalmente pela presença de uma cena ilusória, onde o céu se abre para uma visão central.

Pagão: diz-se de quem não foi batizado.

Profano: que não está relacionado ao sagrado, à religião.

No Brasil, são destaques Caetano da Costa Coelho, Manuel da Costa Ataíde, José Joaquim da Rocha e João de Deus Sepúlveda, entre outros. É importante ressaltar que, raras vezes, a pintura trocou a atmosfera de igrejas e conventos pelo ambiente familiar. Desempenhando função ao mesmo tempo religiosa e social, poucas pessoas a tiveram em suas moradas, fossem elas palácio ou mansão.

Colégio do Caraça, Minas Gerais.

A última ceia (1828), de Manuel da Costa Ataíde (Mestre Ataíde). Óleo sobre tela, 273 cm × 467 cm.

Os pintores setecentistas brasileiros ocuparam-se de modelos europeus para produzir as próprias composições. Procuraram esses modelos não em outras pinturas – não as havia por aqui –, porém em estampas e ilustrações de livros religiosos. Daí resulta a singular divergência presente em certas obras, nas quais uma composição apurada, segundo os melhores preceitos da arte, contrapõe-se ao desenho ingênuo e ao colorido singelo. Esses modelos europeus emprestam a muitas pinturas brasileiras do século XVIII, ou já do século XIX, aparência bem mais antiga.

Em função das referências de imagens existentes no Brasil do período colonial e início do imperial, a obra de Mestre Ataíde apresenta características estilísticas marcadamente de períodos anteriores ao que foi produzida.

As principais regiões de produção pictórica no século XVIII foram Bahia e Pernambuco, Minas Gerais e Rio de Janeiro, seguindo-se outras, como São Paulo, Grão-Pará ou Mato Grosso, em que essa arte não conheceu desenvolvimento particularmente notável. Em cada uma dessas últimas regiões, embora sejam conhecidos nomes de vários pintores e autoria de inúmeras obras, prevalecem as pinturas de autoria ignorada à espera de quem as identifique. Tarefa ainda agravada pelo mau ou péssimo estado de conservação em que se encontram quase todas. Além disso, em recibos e termos de obras conservadas em arquivos, há frequentes menções a nomes de pintores, sem que se possa identificar, ao certo, o autor das obras.

O estilo rococó aparece em Minas Gerais, na Bahia e em algumas igrejas espalhadas por outros estados do Brasil. Inúmeras peças do mobiliário da nobreza (época imperial do Brasil) foram trabalhadas nesse estilo e no estilo barroco.

Além das igrejas, apareceram casas, sobrados, chafarizes, fortes, câmaras municipais e algumas fazendas em estilo barroco no Brasil.

Um dos ícones mais importantes do Barroco brasileiro é Antônio Francisco Lisboa, conhecido como Aleijadinho. Filho de um respeitado mestre de obras e arquiteto português e de sua escravizada, nasceu em agosto de 1730, na então chamada Vila Rica, atual Ouro Preto, Minas Gerais.

Luiz War/Shutterstock

Os doze profetas (1796-1805), obra de Aleijadinho no Santuário de Bom Jesus de Matozinhos, Congonhas, MG.

As obras de Aleijadinho eram dinâmicas e repletas de expressividade, que lhe conferiam lugar de destaque na arte internacional da época. Foi arquiteto e escultor.

Em decorrência de problemas de saúde, não pôde assumir pessoalmente a direção de seus projetos arquitetônicos e, por esse motivo, dedicou-se mais à escultura.

Aleijadinho ficou conhecido assim após ser acometido por uma doença degenerativa que deformou seu corpo, impedindo-o de andar e trabalhar. Reza a história que tinha tanto amor pela arte de esculpir, que, após ter as mãos deformadas, pedia aos ajudantes que amarrassem um martelo em uma delas e um cinzel na outra, para que pudesse trabalhar em suas obras.

Suas obras-primas são estátuas de pedra-sabão, que retratam os doze profetas, no Santuário de Bom Jesus de Matozinhos, em Congonhas, e as 66 estátuas de cedro que compõem os passos da via-crúcis.

Quase cego e sem poder usar os braços, faleceu em novembro de 1814, em Ouro Preto, Minas Gerais. Foi sepultado na Matriz de Antônio Dias, em uma tumba junto ao altar de Nossa Senhora da Boa Morte.

Cenas da Paixão de Cristo (via-crúcis), de Aleijadinho, no Santuário de Bom Jesus de Matozinhos, em Congonhas, MG.

A música barroca

Derivado do barroco português, ou "pérola de formato estranho", o termo "barroco" tem sido amplamente utilizado, desde o século XIX, para descrever o período da música artística da Europa Ocidental, de cerca de 1600 a 1750.

Comparando algumas das maiores obras-primas da história da música a uma pérola disforme, pode parecer estranho para nós atualmente, mas não para os críticos do século XIX que aplicaram o termo à música de Bach e Händel, porque soava excessivamente "enfeitada" e exagerada.

Além de produzir a primeira música europeia familiar para a maioria de nós, incluindo *Cânone de Pachelbel* e *As quatro estações*, de Vivaldi, a era barroca também expandiu enormemente nossos horizontes.

Unidentified painter, Public domain, via Wikimedia Commons

Antonio Vilvadi.

Quem foram os principais compositores barrocos e de onde eram?

Muitas personalidades conhecidas da primeira parte do período barroco vêm da Itália, incluindo Monteverdi, Corelli e Vivaldi, e, em meados do século XVIII, o foco mudou para os compositores alemães Bach e Händel.

Elias Gottlob Haussmann, Public domain, via Wikimedia Commons

Johann Sebastian Bach.

Muitas das formas identificadas com a música barroca tiveram origem na Itália, incluindo a cantata, o concerto, a sonata, o oratório e a ópera. Embora a Itália tenha desempenhado papel essencial no desenvolvimento desses gêneros, novos conceitos sobre o que significava ser uma nação aumentaram o imperativo de um "estilo nacional". As diferenças entre as nações são frequentemente audíveis na música da época, não apenas no modo como a música foi composta, mas também nas convenções de execução; particularmente óbvio era o contraste entre a Itália e a França. Embora alguns países possam parecer reivindicar parcela maior de nossa experiência atual da música barroca, cada nação desempenhou seu papel.

Alguns compositores mais conhecidos do período incluem:

- **Itália:** Claudio Monteverdi, Girolamo Frescobaldi, Arcangelo Corelli, Antonio Vivaldi, Domenico Scarlatti e Alessandro Scarlatti.
- **França:** François Couperin, Jean-Baptiste Lully, Marc-Antoine Charpentier e Jean-Philippe Rameau.
- **Alemanha:** Michael Praetorius, Johann Hermann Schein, Samuel Scheidt, Johannes Schütz, Georg Philipp Telemann, Georg Friedrich Händel e Johann Sebastian Bach.
- **Inglaterra:** Henry Purcell.

- Você já havia ouvido falar de algum desses compositores do período barroco? Já escutou alguma música desse período? Se sim, gostou? Ou não é seu estilo?

A música barroca no Brasil

A influência europeia no período da Contrarreforma religiosa ocorrida na Europa marcou a música barroca no Brasil (1601-1768). Nessa época, Minas Gerais florescia por causa da descoberta de minas de ouro e diamantes. Muitos exploradores portugueses e a mão de obra escravizada favoreciam o povoamento e expandiam a cultura.

A formação da atividade musical ocorreu em Minas Gerais (1700-1750) com a construção das capelas reais e a presença de reis-músicos, conhecedores e apreciadores do cantochão, música dos primeiros cristãos. A cidade de Mariana transformou-se em uma espécie de baluarte da verdadeira música eclesiástica.

Os principais compositores da música barroca brasileira foram Pablo Bruna (1611-1679), Manuel Rodrigues Coelho (1555-1635) e Carlos Seixas (1704-1742).

Características da música barroca no Brasil

As características mais importantes da música barroca no Brasil foram o desejo e a harmonia tonal e o uso contínuo do baixo (acompanhamento instrumental), em oposição aos modos gregorianos até então vigentes.

Conjuntos musicais

Os conjuntos musicais que surgiram na época eram formados, em geral, de 12 a 14 integrantes, chegando a 16, em casos excepcionais. A parte vocal ficava por conta dos homens, e cantavam em falsete aqueles que tinham timbre mais próximo do timbre do soprano e do contralto. Quando se empregavam vozes brancas para igualar a intensidade da voz emitida, era comum, em lugar de uma só voz, utilizar-se duas ou mais.

Contralto: no canto, a voz feminina mais grave, grossa.

Falsete: modo de colocação da voz, em geral masculina, para alcançar timbres de voz femininas.

Soprano: no canto, a voz feminina mais aguda, fina.

Voz branca: vozes infantis ou juvenis.

Os instrumentos musicais

Furtseff/Shutterstock

Oboé.

Os instrumentos de corda eram, na maioria, violinos, violas e contrabaixos, esses últimos construídos de três cordas.

Os violinos traziam recordações das terras distantes; as violas eram chamadas "violetas"; e os contrabaixos de três cordas eram denominados "rabecões".

Os instrumentos de sopro de metal eram preferencialmente as trompas. Entre aqueles de madeira eram utilizados as flautas, os oboés, os clarinetes e os fagotes.

Os órgãos existentes nas Minas Gerais, importados de Lisboa, não eram muitos, e a madeira de que eram feitos era pouco resistente aos insetos de um país tropical. Assim, preocupados não só em adquiri-los como também em conservá-los, os mineiros logo iniciaram a construção dos próprios instrumentos, embora, em boa parte dos casos, os tubos viessem da metrópole.

A Igreja, por meio do que podemos chamar "governos populares", formados de componentes das irmandades, permitiu extraordinário desenvolvimento da música religiosa.

Órgão do período barroco na cidade de Mariana, MG.

- Em sua cidade, há alguma igreja que tenha órgão? Procure saber e programe uma visita para conhecer de perto esse instrumento musical. Será uma experiência incrível!

Leia, assista, ouça, acesse, visite!

Acesse

Barroco mineiro e Aleijadinho. *Programa Expedições*.
Disponível em: http://tvbrasil.ebc.com.br/expedicoes/episodio/barroco-mineiro-e-aleijadinho.
Acesso em: 18 jan. 2025.

Assista

Assista aos vídeos a seguir para conhecer um pouco da música barroca.

- Concerto de música barroca. Disponível em: https://www.youtube.com/watch?v=hIdFBdaShg0.
- *As quatro estações*, de Vivaldi. Disponível em: https://www.youtube.com/watch?v=DTTA-EpRWt0.
- As melhores obras de Bach. Disponível em: https://www.youtube.com/watch?v=6JQm5aSjX6g.

Acessos em: 18 jan. 2025.

Na pasta que acompanha este livro, você encontra as fichas para desenvolver as atividades propostas.

• FICHA 15

Arte barroca – Fachada de igreja – desenho e pintura

ATIVIDADE: Na ficha, há a fachada de uma igreja barroca. Complete o cenário e pinte com lápis de cor. Após a pintura pronta, use cola *glitter* dourada ou caneta dourada para fazer os detalhes da igreja. Ou, ainda, é possível aplicar cola branca com um pincel nos lugares que você deseja decorar e salpicar pó de purpurina dourada. Use imagens de igrejas barrocas para inspirar seu trabalho.

MATERIAL: lápis grafite, borracha, lápis de cor, cola *glitter* dourada, ou caneta dourada, ou cola branca e purpurina dourada.

Shutterstock/Editoria de arte

• FICHA 16

Leitura e análise de obra *As meninas*, de Velázquez

ATIVIDADE: Na ficha, há a imagem da obra de arte *As meninas*, de Diego Velázquez. Com o professor, faça a leitura e a análise dela, respondendo às questões do **Roteiro básico para leitura de uma imagem**.

Essa pintura é uma das mais importantes de Velázquez que se mantém em estudo e apreciação por muitas gerações. Pintores renomados fizeram interpretações dela, incluindo Pablo Picasso, que produziu a obra *As meninas*, em 1957, que se encontra no Museu Picasso.

Leitura e análise da obra

Ao observarmos uma obra de arte, podemos analisá-la em muitos aspectos. Observe atentamente a imagem da obra de Diego Velázquez que consta da ficha. Como você a descreveria? Provavelmente, a descrição que você fez difere em algum aspecto da dos colegas de turma. Isso porque a leitura de uma imagem é um processo pessoal, que se relaciona com o contexto e as emoções de cada indivíduo. Assim, uma imagem pode ter significado diferente de pessoa para pessoa, pois cada indivíduo é único. Entretanto, quando falamos em artes visuais, há aspectos que podem ser analisados por meio de um roteiro básico para leitura de imagens.

Roteiro básico para leitura de uma imagem

- Quem fez a obra?
- Em que ano o artista produziu a obra?
- Qual é a técnica empregada e qual é o tamanho da obra?
- Que cores predominam na obra?
- A obra foi pintada ao ar livre ou não? Se tiver sido pintada ao ar livre, o trabalho foi feito em qual hora do dia?
- O que está representado na imagem?
- O que podemos dizer sobre a obra?

TEMA 8

Patrimônio cultural imaterial – festas, dança e música

Observe e imagem a seguir.

Brastock/Shutterstock

Passistas de frevo em Recife, PE.

Você já ouviu falar sobre danças populares? Conhece alguma delas? Já participou de uma festa popular com dança?

Podemos dizer, em linguagem simples, que o patrimônio cultural imaterial é a preservação dos costumes e das tradições de um povo. Fazem parte desse patrimônio a música, a dança, os costumes, as lendas, os mitos, os provérbios, as crenças e as superstições, a culinária e muitos outros elementos.

O patrimônio cultural imaterial está relacionado ao conhecimento popular, àquilo que não se aprende nas escolas, nos colégios e nas universidades; é tudo aquilo transmitido, tradicionalmente, de geração para geração.

Vamos conhecer um pouco mais as manifestações culturais brasileiras relacionadas à dança.

Festas populares

As festas populares tradicionais ocorrem ciclicamente em várias regiões do Brasil. Muitas delas têm origem na tradição religiosa do colonizador europeu e aqui se misturaram aos aspectos da cultura dos indígenas e dos povos africanos. Nelas há encenação com música, dança e personagens. Vamos conhecer algumas delas.

Bumba meu boi

A festa do bumba meu boi, ou bumba-boi, ou boi-bumbá, é feita no Brasil desde o século XVIII e supõe-se que tenha tido início na Região Nordeste. Ela foi se modificando com o tempo, e hoje há desde grupos pequenos, formados de famílias que mantêm a tradição, até grupos enormes, que mobilizam a cidade toda nas festas.

Uma das versões para a história do bumba meu boi gira em torno do desejo de Mãe Catirina de comer língua de boi. Seu marido, Pai Francisco, escravizado de um rico fazendeiro, com medo de que a mulher perdesse o filho por causa do desejo não satisfeito, matou o boi de seu senhor para fazer o prato que Mãe Catirina tanto desejava. Quando o fazendeiro percebeu que seu boi havia desaparecido, ordenou que um de seus vaqueiros investigasse o sumiço do animal. Tão logo o vaqueiro descobriu o que havia acontecido com o boi, contou ao patrão. O fazendeiro, então, saiu à procura de Pai Francisco, com o objetivo de prendê-lo. Com medo da fúria do fazendeiro, Pai Francisco procurou um pajé para que ressuscitasse o animal. No fim, tudo acabou bem: o pajé ressuscitou o boi; o fazendeiro, sabendo da boa intenção de Pai Francisco, o perdoou; e todos celebraram a ressurreição do boi com uma grande festa.

A festa mistura música, dança e teatro. A fantasia do boi é feita com armação de bambu revestida de chita e decorada com bordados. Deve ser grande para permitir que uma pessoa entre dentro dela. Na apresentação, o boi morre e ressuscita, e a dança acompanha as toadas cantadas e acompanhadas de palmas e instrumentos musicais, como maracás, zabumba, matracas e sanfona, este último instrumento presente apenas nas celebrações do sul do país. O boi é o personagem principal da encenação, mas é acompanhado de coadjuvantes, como o vaqueiro, Pai Francisco e Mãe Catirina, o dono da fazenda, o padre, o pajé, grupos de indígenas e caboclos. Todos devidamente fantasiados, compondo a beleza do auto, que pode durar horas. Os que acompanham a brincadeira são chamados brincantes, dançam ao ritmo da música e interagem batendo palmas.

Governo do Estado do Ceará

A figura do boi é a personagem central do folguedo do bumba meu boi, celebrado em várias regiões do Brasil.

Cavalhada

É uma festa que remete às disputas entre cristãos e mouros e aos torneios medievais. Foi introduzida no Brasil no período da colonização. É um torneio de habilidade de cavalo e cavaleiro, que precisam disputar corridas e vencer desafios como o da argolinha, que consiste em retirar argolas presas a um mastro durante a corrida com o cavalo. A festa começa sempre com a ida à igreja para pedir proteção ao padroeiro e oferecer prendas. Duas equipes de cavaleiros portando lanças participam da festa, uma de vermelho e outra de azul, representando cristãos e mouros. Ao todo são seis pares para cada lado, e os animais são paramentados nas cores das equipes. Eles desfilam pela pista, e, depois, seguem para o desafio da argola. Por fim, são feitas demonstrações de habilidade com o cavalo.

Jean Barreto/Rafael Peixoto

Duas equipes paramentadas se preparam para a cavalhada. Campos, RJ.

Jean Barreto/Rafael Peixoto

Cavaleiro durante o desafio da argolinha. Campos, RJ.

Festa junina

As festas juninas têm origem em comemorações da colheita que ocorriam na Europa; depois, foram incorporadas ao calendário da Igreja e chegaram ao Brasil no período da colonização portuguesa. Nelas estão presentes vários elementos culturais, como fogueira, roupas típicas, barraquinhas para venda de comidas típicas, música, enfeites com bandeirinhas e balões, entre outros.

As festas juninas ocorrem em todo o Brasil, com aspectos que podem variar de uma região para outra. Em comum, todas elas têm como ponto alto a dança da quadrilha, encenação que mistura dança, música e personagens vestidos com roupas tipicamente caipiras: cavalheiros com chapéus de palha e damas com vestidos de chita. Entre os personagens estão os noivos, os pais dos noivos, as madrinhas, o padre, o delegado, o juiz, os soldados e os convidados.

O enredo da quadrilha narra a obrigação do casamento de dois jovens, porque a noiva está grávida. O homem não quer se casar, então precisa da intervenção do delegado e de seus soldados. Na sequência, o padre e o juiz casam os noivos, e a dança da quadrilha comemora a cerimônia. Ao som de triângulo, zabumba e sanfona, a música dita o ritmo da dança, cuja coreografia vai se desenvolvendo conforme as ordens do mestre de cerimônia, como nos exemplos a seguir:

Avancê: os pares, de mãos dadas, caminham ao ritmo da música até o centro do salão.

Anarriê: os pares caminham em marcha à ré até onde estavam e se separam em duas fileiras, ficando as damas de frente para os cavalheiros.

Balancê com os pares: cavalheiros e damas balançam sem sair do lugar.

Cortesia: cavalheiros ajoelham-se sobre um só joelho, e as damas dão duas voltas em torno dos cavalheiros, que, ao final, se levantam.

A roda: as damas vão para o centro e formam uma roda e os cavalheiros que ficam em volta delas formam outra roda. Dão voltas no mesmo sentido e depois em sentidos contrários.

O túnel: o primeiro par da fila levanta os braços e forma um arco, os demais pares passam por debaixo dele e vão parando lado a lado, formando uma fila de arcos. Por fim, o primeiro par volta por baixo dos arcos formados pelos pares, e assim sucessivamente, até o último casal.

Dança da quadrilha de festa junina, Brasília, DF.

Agência Brasília (https://www.agenciabrasilia.df.gov.br/2019/06/06/e-tempo-de-festa-junina-anarrie/)

Danças regionais

Além das danças presentes em muitas festas populares, há vários tipos de dança considerados patrimônios imateriais da cultura brasileira.

Samba de roda

O samba de roda é uma manifestação de música e dança praticada na região do Recôncavo Baiano e tem origem no século XVIII. Ligado a tradições afrodescendentes, alia também elementos da cultura portuguesa por meio dos instrumentos musicais. Os praticantes são chamados sambadores e sambadeiras, e, ao que tudo indica, nasceu dessa manifestação o samba típico carioca.

Sergio Pereira/Pulsar Imagens

Samba de roda Raízes de Acupe, Santo Amaro, BA.

Ao som de pandeiros, atabaques, berimbaus, violas, chocalhos e vozes que cantam, as mulheres formam uma roda. Uma delas se desloca para o centro e faz movimentos com os pés, com as pernas e com os quadris ao ritmo da música e das palmas dos demais. O convite para outra sambadeira ir para o centro da roda é feito pela umbigada (movimento de encostar o umbigo no de outra pessoa) em outra sambadeira da roda.

O samba de roda do Recôncavo Baiano está inscrito pela Organização das Nações Unidas para a Educação, a Ciência e a Cultura – Unesco, desde 2005, como patrimônio imaterial da humanidade.

Frevo

O frevo surgiu nas ruas de Recife, no fim do século XIX e início do século XX. Hoje, é uma das danças típicas do Carnaval de Pernambuco, tanto nas ruas como nos salões. A música mistura ritmos, como o maxixe, o dobrado e as marchas, e os instrumentos de sopro ganham protagonismo. Inicialmente, a música do frevo era apenas instrumental, passando, depois, a ganhar letras, dando origem ao chamado frevo-canção.

Os passistas trajam, em geral, uma blusa mais curta amarrada na cintura – as mulheres usam saias curtas rodadas, e os homens, calças de tecidos leves com babados ou não nas barras. O guarda-chuva é acessório tradicional da dança, pois ajuda no equilíbrio dos passistas e complementa as coreografias de passos rápidos, em pé ou agachados, e saltos acrobáticos.

Carlos Ezequiel Vannoni / Fotoarena

Passista durante o salto da dança do frevo, Recife, PE.

Maracatu

O maracatu nasceu em Recife, e sua herança vem das procissões em louvor a Nossa Senhora do Rosário. É um cortejo simples e passou do sagrado ao profano e do profano ao carnavalesco.

O maracatu, termo africano que significa "dança" ou "batuque", é uma dança típica da Região Nordeste, com grande destaque para Pernambuco. Essa dança apresenta fortes características religiosas e é composta de uma mistura de elementos indígenas, europeus e afro-brasileiros.

Distinguem-se dois tipos de maracatu: o nação e o rural.

O maracatu nação apresenta rei e rainha e demais representantes de uma corte. Ao ritmo de instrumentos de percussão, a dança ocorre durante o cortejo. No maracatu rural, os personagens principais são os caboclos de lança, que representam os trabalhadores rurais. O ritmo é marcado por instrumentos de sopro e percussão.

Ricardo Teles/Pulsar Imagens

Apresentação do grupo Maracatu Leão Mimoso de Bueno Aires, Paudalho, PE.

Cesar Diniz/Pulsar Imagens

Maracatu Bloco de Pedra no Parque da Juventude, São Paulo, SP.

João Prudente/Pulsar Imagens

Apresentação de chula do grupo de dança Centro de Tradições Gaúchas (CTG), Indaiatuba, SP.

Chula

Dança típica gaúcha, a chula é composta de passos de influências espanholas, visíveis no sapateado e nas batidas de calcanhar. Os dançarinos, com botas e grandes esporas, fazem seus passos na extremidade de uma vara de 4 metros estendida no chão. Ao som da música, realizam movimentos com os pés e com as pernas, sempre na intenção de bater o calcanhar das botas e as esporas. Cada dançarino se apresenta individualmente, sendo seguido de outro, que precisa fazer movimentos melhores que os do oponente. Vence a disputa quem executar passos de dança que o adversário não consiga reproduzir.

Marco Antônio Sá/Pular Imagens

Grupo Jongo do Piquete, dança de roda, Piquete, SP.

Jongo

Dança folclórica de origem africana, é conhecida também pelo nome "caxambu". Dela participam homens e mulheres; o canto tem papel importante; e os movimentos têm passos para a frente, pulos e giros. A dança seguiu a rota do cultivo do café. Surgiu na Baixada Fluminense, subiu a Serra da Mantiqueira e persiste na região do Vale do Paraíba, mais precisamente entre Paraibuna e São Luiz do Paraitinga, no estado de São Paulo. Aparece também em outros estados brasileiros, como Minas Gerais, Goiás e Espírito Santo. Para dançar, os casais se apresentam; o homem fica à frente da dama; ela segura a saia delicadamente, sem sair do lugar, e acompanha os galanteios do cavalheiro. E assim os casais se aproximam e vão se enturmando e dançando ao som dos instrumentos de percussão.

Cantigas de roda

Fazem parte do patrimônio cultural imaterial brasileiro cantigas de roda como "Ciranda cirandinha", "Senhora dona Sancha", "O cravo brigou com a rosa", entre outras.

As cantigas de roda são da tradição popular. Fazem parte do sentir de cada indivíduo na coletividade. São muito observadas em desafios, emboladas, cantigas de ninar, cantigas de trabalho, modinhas, danças, jogos e até em alguns rituais religiosos. São executadas, em especial, na ciranda, roda formada por homens, mulheres e crianças, que, dando as mãos uns aos outros, giram entoando as canções.

LIGANDO COM

PRESERVAÇÃO DO PATRIMÔNIO CULTURAL

A preocupação em preservar o patrimônio histórico e artístico é recente. Há 80 anos, foi criado o Instituto do Patrimônio Histórico e Artístico Nacional (Iphan), com o objetivo de manter o patrimônio cultural material preservado e conservar tradições e folguedos que passaram de geração para geração. A cidade de Ouro Preto está entre os primeiros tombamentos. A antiga capital da província de Minas Gerais tornou-se também a primeira cidade no Brasil a ganhar o título de patrimônio cultural da humanidade, concedido pela Unesco em 1980.

A política de preservação do patrimônio brasileiro mudou com o passar do tempo. Se nos primeiros anos o foco estava em casarões antigos, monumentos ou templos religiosos, a partir de 2000 as atividades culturais passaram a ser valorizadas. Hoje, modos de fazer, maneiras de celebrar e ofícios tradicionais estão entre as preocupações de quem quer preservar o patrimônio.

Tales Azzi/Pulsar Imagens

O modo de fazer as panelas de barro é um patrimônio imaterial. Bairro de Goiabeiras, Vitória, ES.

Atualmente, o Brasil tem registro de 40 bens imateriais tombados em todo o país. São tradições, danças, modos de fazer e celebrações que representam conhecimentos e técnicas transmitidos de geração para geração e constantemente recriados pelas comunidades e grupos em função do ambiente, da interação com a natureza e da história, gerando sentimento de identidade e continuidade, contribuindo, assim, para promover o respeito à diversidade cultural e à criatividade humana.

São exemplos de bens culturais de natureza imaterial o Círio de Nazaré, em Belém (PA); as bonecas Ritxókó, dos indígenas Carajás do Tocantins; o jongo do Sudeste; o frevo, a festa do bumba meu boi, o maracatu e a capoeira da Região Nordeste.

Adaptado de: Nosso patrimônio, nossa identidade, sinopse do programa *Caminhos da Reportagem* da TV Brasil, veiculado em 26 out. 2017. Disponível em: http://tvbrasil.ebc.com.br/caminhos-da-reportagem/2017/10/nosso-patrimonio-nossa-identidade. Acesso em: 20 jan. 2025.

Leia, assista, ouça, acesse, visite!

Assista

Vídeo da TV BrasilGov apresenta manifestações do patrimônio imaterial. Disponível em: www.youtube.com/watch?v=X6QWNyM6IHU. Acesso em: 20 jan. 2025.

Leia

- Texto da Fundação Cultural Palmares que aborda 25 manifestações de raízes negras espalhadas pelo território nacional. Disponível em: https://www.gov.br/palmares/pt-br/departamentos/fomento-a-cultura/manifestacoes-culturais-negras-1.
- Diversidade cultural atrai turistas para as cinco regiões brasileiras. Disponível em: https://www.brasilcultura.com.br/diversidade-cultural-atrai-turistas-para-as-cinco-regioes-brasileiras/. Acessos em: 20 jan. 2025.

FICHA

Na pasta que acompanha este livro, você encontra as fichas para desenvolver as atividades propostas.

• FICHA 17

Manifestações culturais

ATIVIDADE: Faça uma pesquisa sobre dança e outras manifestações culturais que representam seu estado. No espaço em branco da ficha, faça um desenho ou uma colagem com o material de sua pesquisa.

MATERIAL: livre.

• FICHAS 18 E 18A

Danças brasileiras – colagem com efeito

ATIVIDADE: Na ficha 18, há duas imagens de danças brasileiras – bumba meu boi e frevo – e, sobre elas, linhas. Com cuidado, recorte as duas imagens nas linhas, formando tiras.

Na ficha 18A, há um retângulo com doze espaços. Cole as tiras das imagens neles, de modo alternado. Por exemplo, cole a primeira tira da foto do frevo e, em seguida, a primeira tira da foto do bumba meu boi, e assim por diante, até terminarem as tiras. Quando a colagem estiver pronta, recorte o retângulo e dobre-o como se fosse uma sanfona. Ao colocar a colagem de pé, de um lado você verá a imagem do frevo; de outro, a do bumba meu boi. Veja o modelo.

MATERIAL: tesoura com pontas arredondadas e cola em bastão.

Acervo das autoras

TEMA 9

A cultura indígena

Observe a imagem a seguir.

Sergio Ranalli/Pulsar Imagens

Dança Tapanawanã na aldeia Aiha da etnia Kalapalo, Querência, MT.

De acordo com o Censo 2022 do Instituto Brasileiro de Geografia e Estatística (IBGE), há 305 etnias indígenas no território brasileiro. Todas elas têm, em seus costumes, música, dança e produção de objetos para uso cotidiano ou em celebrações. Todas essas manifestações artísticas são expressões da cultura desses povos.

Um pouco de história

O primeiro contato entre portugueses e indígenas em território brasileiro, em 1500, causou estranhamento a ambos os povos; afinal, tratavam-se de culturas distintas. Os indígenas estavam habituados à domesticação de animais de pequeno porte; tinham regras sociais, políticas e religiosas; faziam objetos utilizando materiais da própria natureza; e retiravam dela apenas o essencial para o próprio sustento. Havia uma relação de respeito absoluto ao meio ambiente.

Pirатá Waura/Pulsar Imagens

Xamã Waurá da aldeia Topepeweke pintando pote de cerâmica com a pintura sucurí – Parque Indígena do Xingu.

No que se refere aos portugueses, o objetivo deles, ao desembarcar no Brasil, era a conquista das terras. Para atingir esse objetivo, em um primeiro momento, tentaram ganhar a confiança dos indígenas, presenteando-os com espelhos, apitos, colares, entre outros objetos. Depois, tentaram catequizá-los e os escravizaram como mão de obra para a extração de riquezas das terras das quais tomaram posse. Mais tarde, não obtendo êxito em suas intenções, passaram a usar de violência contra esses povos, com o propósito de dizimá-los, e tomar-lhes as terras à força.

Foi um período turbulento na história da colonização do nosso país.

No século XVI, de acordo com a Fundação Nacional dos Povos Indígenas (Funai), viviam no Brasil cerca de 3 milhões de indígenas. No século XVII, esse número caiu para aproximadamente 700 mil, chegando a 70 mil em 1957. Hoje, segundo o último Censo do IBGE, cerca de 1,7 milhão de indígenas vivem em terras brasileiras, espalhados pelo país, com mais concentração na Região Norte. Desse total, 800 mil vivem em zonas rurais, e os 900 mil restantes, em zonas urbanas.

Ainda de acordo com o Censo, há 274 línguas indígenas, com exceção das originárias de outros países. Os principais troncos linguísticos indígenas são o tupi, o macro-jê e o aruak.

Em relação à arte indígena, cada grupo apresenta características diferentes, o que torna sua arte particular, única. Contudo, apesar da especificidade de cada etnia, os tipos de manifestação da arte indígena guardam semelhanças, como a cerâmica, a arte plumária, a produção de máscaras, a música e a dança.

Lindomar Adriano de Souza/Shutterstock

Vaso de cerâmica indígena.

Cerâmica

A confecção de objetos de cerâmica é uma característica comum de vários povos indígenas. Os tipos de objeto são vasilhas, potes, bancos, urnas funerárias, estatuetas.

> **Entalhe:** corte feito em objetos de cerâmica, madeira e outros materiais para dar forma ou decorar.

A Amazônia brasileira, próximo da Ilha do Marajó, na bacia amazônica, foi o cenário para a produção de uma cerâmica ricamente decorada. Os antigos povos marajoaras trabalhavam a cerâmica com muita perfeição, finalizando as peças com requinte decorativo nos apliques e nos entalhes que formam desenhos gráficos.

A cerâmica marajoara é considerada a primeira arte de cerâmica brasileira. Peças encontradas em escavações arqueológicas indicam sua produção desde 1000 a.C. Como patrimônio cultural, vários objetos de cerâmica da arte marajoara estão preservados em museus, em especial no Museu Emílio Goeldi, em Belém, no Pará.

A produção de cerâmica ainda integra o cotidiano de vários povos indígenas.

Igaçaba (urna funerária) marajoara, Ilha do Marajó, PA.

Arquitetura

Infelizmente, não há muitos registros da arquitetura indígena à época do início da colonização portuguesa. As habitações de nossos indígenas resumiam-se, basicamente, a ocas ou malocas (aldeias). As ocas eram grandes espaços coletivos que circundavam uma praça central, onde, em geral, aconteciam os eventos sociais. Eram habitadas em um sistema comunitário. Tinham estruturas diferentes e resistentes e eram confeccionadas com materiais diversos. Por exemplo, eram construídas com taquaras e troncos de árvore; a cobertura, feita de folhas de palmeira ou palha. Uma oca podia durar mais de vinte anos.

Lucíola Zvarick/Pulsar Imagens

Casa tradicional do Alto do Xingu, Aldeia Kamayurá, MT.

As construções podiam ser ortogonais ou circulares. Mas havia também ocas elípticas ou retangulares. O tamanho da oca podia ter de 30 metros de extensão por 10 metros de altura, sem divisão conforme a etnia.

Delfim Martins/Pulsar Imagens

Vista aérea da Aldeia Aiha, da etnia kalapato, Querência, MT.

Pintura e adornos corporais

Os indígenas têm o hábito de pintar o corpo e o rosto. A pintura corporal é usada em alguns rituais, com a finalidade de indicar os grupos sociais, o gênero ou a idade de cada indivíduo do grupo. Na arte da pintura corporal são utilizados geralmente pigmentos naturais, extraídos de vegetais e rochas. O jenipapo é o fruto mais utilizado para fazer tinta. É usado para escurecer a pele, enquanto as sementes de urucum, por sua vez, dá o tom vermelho. O branco é obtido da argila branca. A pintura permanece na pele por vários dias.

Os indígenas pertencentes ao povo mundurucu tatuavam-se com grande arte. Já outros povos, além de pintar o corpo e o rosto, têm a tradição de usar adornos nas orelhas, no nariz, e no lábio inferior.

Jenipapo: fruto do qual se extrai tinta preta, usada na pintura corporal.

Urucum: árvore pequena da qual se utilizam as sementes para extrair corante avermelhado.

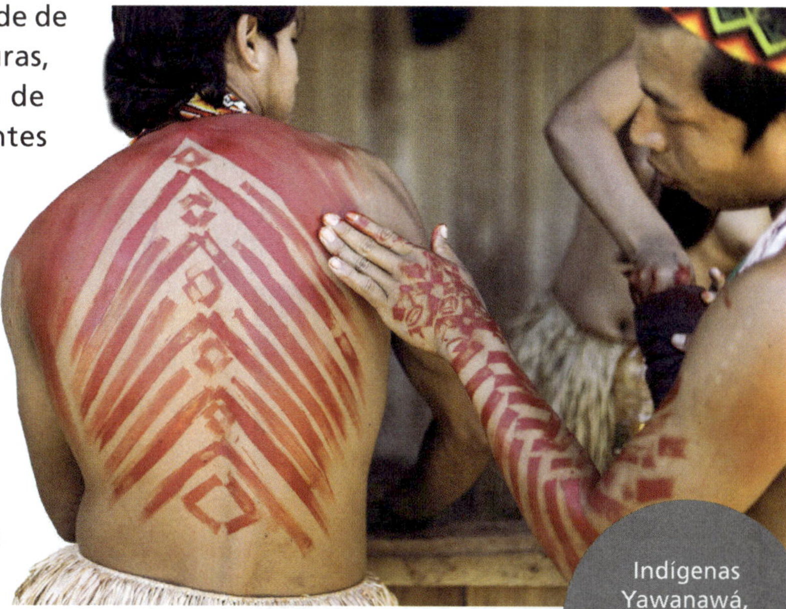
Indígenas Yawanawá, pintura corporal com urucum, Rio Gregório, AC.

Simon Plestenjak/Pulsar Imagens

Os indígenas usam uma infinidade de padrões decorativos em suas pinturas, com predomínio quase absoluto de formas geométricas, com diferentes estilizações.

As pinturas são feitas individualmente sobre a pele, embora certos povos já contem com rolos do tipo carimbo, com os quais produzem padrões determinados.

A pintura corporal é de grande importância para as culturas indígenas, porque se relaciona à identidade de sua sociedade e às forças naturais ou sobrenaturais. Apresenta vários significados: ritos de passagem (morte), proteção do grupo ou do indivíduo, cerimônias de casamento, de cura, ou, ainda, função religiosa ou de guerra.

Os desenhos usados nas pinturas podem parecer abstratos aos nossos olhos, mas estão relacionados à vida e à história de cada grupo indígena.

Museu Castro Maya, Rio de Janeiro

Família de um chefe Camacã se preparando para festa (1834), de Jean-Baptiste Debret. Litogravura, 23 cm × 32,5 cm.

Arte plumária

Diadema: espécie de coroa enfeitada.

Fieira: linha ou fio utilizado para a colocação de objetos.

A arte plumária, assim como as demais, apresenta grandes diferenças entre as culturas indígenas. A plumária destaca-se pelos belíssimos adornos das fieiras de penas de cores sóbrias, os quais podem ser amarrados ao pescoço, à cintura ou usados como diadema.

Esse tipo de arte é usado durante celebrações, como a da festa da colheita do milho.

Na elaboração dos adornos, os indígenas costumam usar penas de aves bem variadas, além de conchas, cocos e sementes, ossos, dentes de animais, asas de besouros, capim e taquara.

Cinquantenaire Museum, Bruxelas, Bélgica

Arte plumária caiapó.

Musée du quai, Branly, Paris

Colar feito pelo povo Urubu-Caapor, Alagoas.

Luciana Whitaker/Pulsar Imagens

Cocar feito por indígenas da etnia Munduruco, aldeia Praia do Índio, PA.

Arte da cestaria

A matéria-prima da arte da cestaria indígena vem principalmente das palmeiras. A palha é modificada com pintura ou tingida, e o hábil artesão (homem ou mulher) a transforma em peneiras, esteiras, abanadores, armadilhas e tipitis.

Há, ainda, objetos feitos em palha para uso cerimonial, como pentes e pulseiras.

Cestaria: técnica de fabricação de objetos e utensílios por meio de fibras trançadas.

Tipiti: trançado de palha próprio para espremer a massa da mandioca.

Fotoarena

Tipiti.

Ismar Ingber/Pulsar Imagens

Artesanato indígena kaniwa, Manaus, AM.

Ismar Ingber/Pulsar Imagens

Pentes de cabelo (artesanato indígena), Manaus, AM.

Arte instrumental – instrumentos musicais

As festas indígenas estão relacionadas, em geral, às épocas de plantação e colheita, aos ritos de passagem, às cerimônias de guerra e às manifestações religiosas. Nelas há música e dança.

Os instrumentos musicais mais comuns são a flauta de taquara, a flauta de osso, o tambor de pele de animais e madeira, os chocalhos, entre outros. Para manufaturá-los, os indígenas utilizam cabaças, barro, madeira, couro, ossos e cascos de animais, taquaras e sementes.

Acompanhados de música, os membros da aldeia dançam e cantam. Geralmente, as músicas estão associadas a rituais.

Luis Salvatore/Pulsar Imagens

Chocalho indígena, Alto Paraíso de Goiás, GO.

Biblioteca Luis Ángel Araugo, Bogotá, Colômbia

Máscara ticuna de madeira e fibra vegetal.

Colombian Institute of Anthropology and History

Máscara corporal ticuna, Amazonas.

Museum of Cultural Masks

Máscara ticuna, Amazonas.

As máscaras

As crenças indígenas são relacionadas à alma dos mortos, ao espírito de plantas e animais, a seres mitológicos, a demônios ou a fenômenos da natureza. Os indígenas personificam esses entes misteriosos por meio de máscaras, de acordo com o ritual que vão celebrar.

As máscaras são feitas de casca de árvores ou outros materiais, como palha, e podem ser enfeitadas com plumagem.

Em algumas etnias, apenas os homens usam máscaras; às mulheres não é permitido. Em outras, crianças e mulheres fazem uso delas. Isso varia de acordo com a cultura de cada povo.

As máscaras podem cobrir apenas o rosto ou o corpo todo. Há máscaras feitas com palhas longas, que podem cobrir o corpo todo de quem as usa.

A máscara de cerâmica é exclusiva dos indígenas do povo matis. A dos ticunas é combinada de vestimentas longas. Representa, geralmente, o milho, o macaco-caia-rara, a árvore, a água. É bastante utilizada na iniciação das "meninas-moças" – ritual que acontece quando a menina tem a primeira menstruação e simboliza a transição entre a infância e a chegada à vida adulta. Nesse ritual, as meninas permanecem em silêncio e mantêm contato apenas com a mãe e a tia paterna por um período de três meses. Como acreditam que elas correm perigo nesse período de reclusão, quem as visita deve estar mascarado.

Confecção de brinquedos

Os brinquedos indígenas são feitos tanto por homens como por mulheres. Enquanto as crianças ainda não sabem fazê-los, são os pais e os irmãos que os fabricam – para as meninas, bonecas; para os meninos, miniaturas de arco e flecha.

As bonecas são representadas de diferentes modos. São feitas de argila, em geral, e pintadas com desenhos étnicos característicos da cultura que as produziu.

Maria Heloísa Fénelon Costa e equipe

Ritxòkò, boneca indígena carajá. Aldeia Santa Isabel, GO.

Crianças indígenas da etnia Kalapalo brincando com peteca no pátio da aldeia Aiha - Parque Indígena do Xingu, 2024.

LIGANDO COM

CIDADANIA – SOBREVIVÊNCIA

Desde a chegada do colonizador português ao território hoje conhecido como Brasil, a população indígena decresceu significativamente, e vários povos foram extintos. Contudo, esse cenário começou a mudar nas últimas décadas do século XX. Em 1991, o IBGE incluiu os indígenas no censo demográfico nacional, e a possibilidade de se declarar indígena fez o percentual dessa população, em relação à população total brasileira, saltar de 0,2% em 1991 para 0,83% em 2022.

A população, na grande maioria, vem enfrentando rápida e complexa transformação social, necessitando buscar novas respostas para a sobrevivência física e cultural e garantir às próximas gerações melhor qualidade de vida. Entre os problemas concretos da população indígena há invasões e degradações territoriais e ambientais, exploração sexual, aliciamento e uso de drogas, exploração de trabalho, incluindo infantil, mendicância, fuga desordenada de suas terras, causando grande concentração nas cidades.

A população indígena está presente nas cinco regiões do país, mas a Região Norte, mais especificamente o estado do Amazonas, é a que apresenta mais concentração. A segunda maior região é a Nordeste, seguida da Centro-Oeste, da Sudeste e da Sul.

Há muito tempo os indígenas lutam para garantir um direito previsto na Constituição: o reconhecimento e a demarcação das terras tradicionalmente ocupadas por seus povos. Além disso, lutam para assegurar a perpetuação de sua língua, de seus costumes e de sua tradição.

Essa é uma batalha que ainda pode demorar para acabar. Mas os indígenas não estão sozinhos nela.

Para conhecer mais a história e a luta dos indígenas, acesse o *site* da Funai, disponível em: https://www.gov.br/funai/pt-br. Acesso em: 20 jan. 2025. Nele, conheça o projeto Gestão Ambiental das Terras Indígenas, cujo objetivo é o fortalecimento das "práticas indígenas de manejo, uso sustentável e conservação dos recursos naturais e a inclusão social dos povos indígenas, consolidando a contribuição das terras indígenas como áreas essenciais para conservação da diversidade biológica e cultural nos biomas florestais brasileiros".

Na pasta que acompanha este livro, você encontra as fichas para desenvolver as atividades propostas.

• FICHAS 19 E 19A

A arte indígena – trançado

ATIVIDADE: Siga os passos para fazer um trançado imitando a arte da cestaria indígena.

1. Pinte o retângulo com linhas pontilhadas usando aquarela em pastilha ou giz de cera. Faça manchas ou linhas livremente. Observe o modelo.
2. Quando secar (se usar aquarela em pastilha), dobre ao meio e corte nas linhas tracejadas.
3. Recorte as tiras pretas da ficha 19A e faça o trançado na parte colorida.
4. Comece deixando a primeira parte por cima; na segunda tira, alterne a posição. Observe o modelo.
5. Depois de colocar todas as tiras, cole as pontas com cola em bastão na tira lateral.
6. Recorte as tiras com grafismo da ficha 19A e cole formando uma moldura.

MATERIAL: aquarela em pastilha ou giz de cera, pincel redondo, copo para água, papel para limpeza, tesoura com pontas arredondadas e cola em bastão.

Acervo das autoras

• FICHA 20

Arte indígena – modelagem com argila

ATIVIDADE: Providencie 250 g de massa de modelar com argila (há no mercado uma massa de modelar chamada "argilinha", mistura de massa plástica com argila na composição, e os trabalhos feitos com ela têm boa finalização, não racham e podem ser pintados depois. Cada pote contém 500 g).

Comece a modelagem fazendo uma bola e, em seguida, pressione o polegar no meio da bola; com a ajuda dos outros dedos, modele a borda, formando um pote. Cuidado para não afinar demais as bordas; procure levar a massa do meio para os lados.

Trabalhe em cima de uma bandeja de isopor e coloque seu nome na bandeja, de modo que os trabalhos não sejam trocados. Aguarde 48 horas para a secagem e pinte o objeto com tinta acrílica.

MATERIAL: massa de modelar com argila, bandeja de isopor, tinta acrílica de cores variadas (de livre escolha) e pincel redondo e macio nº 12 e nº 8.

Acervo das autoras

TEMA 10

O teatro no Brasil

Observe as imagens a seguir.

Luis War/Shutterstock

Fachada da Casa da Ópera, construído em 1769 em Vila Rica, atual Ouro Preto, MG.

Rubens Chaves/Pulsar Imagens

Interior do Teatro Municipal de Ouro Preto, MG, antiga Casa da Ópera.

A Casa da Ópera ou Teatro Municipal de Ouro Preto é o teatro mais antigo do Brasil e das Américas.

O edifício foi construído em 1769, por João de Souza Lisboa e apresenta uma fachada típica do período colonial.

A sala de espetáculos, originalmente, era iluminada por velas entre os camarotes.

O escritor Affonso Ávila, autor do livro *O teatro nas Minas Gerais*: séculos XVIII e XIX, afirma: "A quem visita hoje o Teatro Municipal de Ouro preto, antiga Casa da Ópera, parece ainda tomá-lo de uma atmosfera de envolvimento, de impacto dramático, lembrando nisso o clima barroco, que era o ambiente propício de seus primeiros frequentadores e seus primeiros espetáculos".

Breve história

As representações tetrais surgiram no Brasil no século XVI como forma de catequização dos padres jesuítas.

Foi o padre José de Anchieta quem utilizou as representações conhecidas como teatro de catequese. Os atores eram amadores, e as peças, encenadas nas ruas, nas praças e nos colégios jesuítas.

Com a chegada da família real portuguesa, em 1808, o teatro teve progresso, pois Dom João assinou um decreto em 1810 que reconhecia a construção de teatros no Brasil. Contudo, refletia os gostos europeus. Os espetáculos eram dirigidos somente pela aristocracia. Faltava uma identidade brasileira.

O Real Theatro de São João foi o primeiro grande teatro construído no Brasil. Foi inaugurado em 1813 no Rio de Janeiro.

Aristocracia: organização sociopolítica baseada em privilégios de uma classe social formada de nobres que detêm, em geral por meio de herança, o monopólio do poder.

Jean-Baptiste Debret, Public domain, via Wikimedia Commons

Fachada do Teatro de São João no Rio de Janeiro (c. 1834), de Jean-Baptiste Debret.

A partir de 1838, o teatro começou a se configurar com novas características, após a representação da primeira peça escrita por um brasileiro, Gonçalves de Magalhães, *Antônio José, ou O Poeta e a Inquisição*.

Gonçalves de Magalhães foi poeta, escritor, político e introdutor do Romantismo no Brasil. O drama encenado por uma companhia totalmente brasileira, com atores formados por João Caetano, contava a vida e a morte do poeta judeu brasileiro, Antônio José da Silva, queimado vivo sob a acusação de prática do judaísmo.

Além dessa, surgiram peças de José de Alencar e Machado de Assis. Nessa mesma época, tiveram origem as comédias de costumes, com o escritor Luís Carlos Martins Pena, que tinham o objetivo de extrair risos da plateia. Em 1855, surgiu o teatro realista no Brasil, deixando de lado os dramas e mirando o debate de temas atuais, como problemas sociais, conflitos populares, amor, adultério, falsidade, egoísmo. Um dos mais importantes atores dessa época foi Joaquim Manuel de Macedo, autor da obra-prima *A Moreninha*.

Comédias de costumes: gênero teatral que retratava, de forma irônica e bem-humorada, hábitos, costumes e normas de uma sociedade.

No século XX, autorizado pela Câmara Municipal de São Paulo, foi construído, em 26 de abril de 1903, o Teatro Municipal de São Paulo. Foram aprovados as plantas e o orçamento apresentado pelos engenheiros Francisco de Paula Ramos de Azevedo, Domiziano Rossi e Claudio Rossi.

Leonid Andronov/Shutterstock

Teatro Municipal de São Paulo, SP.

Em 1922, a Semana de Arte Moderna foi um marco para as artes, mas não envolveu o teatro, que ficou esquecido. Sua renovação aconteceu em 1943, com a peça *Vestido de noiva*, de Nelson Rodrigues, sob a direção de Ziembinski, que deixou o público escandalizado; contudo, foi quando ocorreu a modernização do teatro brasileiro.

Em 1948, o italiano Franco Zampari fundou o Teatro Brasileiro de Comédia (TBC). As peças eram feitas da burguesia para a burguesia. Em 1955, outra peça teatral que fez grande sucesso foi *O auto da Compadecida*, de Ariano Suassuna, adaptada para o cinema no ano 2000.

Em 1957, surgiu o Teatro de Arena, um dos mais importantes grupos teatrais brasileiros, em São Paulo. Os artistas especializaram-se e acabaram se tornando grandes nomes do universo teatral brasileiro. Entre os principais nomes responsáveis pela oficialização do teatro no Brasil estão Eva Todor, Odilon Azevedo, Procópio Ferreira, Jaime Costa, Dulcina Moraes, entre vários outros.

Ariano Suassuna

Fotografia do elenco de *O auto da Compadecida*, do Grupo Teatro Adolescente do Recife. Teatro de Santa Isabel, Recife, PE, 1956.

Alguns teatros brasileiros

Entre os teatros brasileiros, destacam-se o Teatro Municipal de São Paulo, localizado em São Paulo; o Teatro Municipal do Rio de Janeiro, localizado no Rio de Janeiro; o Teatro Amazonas, localizado em Manaus, Amazonas, e tombado pelo Iphan; o Teatro da Paz, localizado em Belém, Pará; o Teatro de Santa Isabel, localizado em Recife, Pernambuco; o Teatro José de Alencar, localizado em Fortaleza, Ceará; e o Teatro Ópera de Arame, localizado em Curitiba, Paraná.

Luan Rezende/Shutterstock

Teatro Municipal do Rio de Janeiro, RJ.

Paulo Jr/Shutterstock

Teatro Amazonas, Manaus, AM.

Guentermanaus/Shutterstock

Teatro da Paz, Belém, PA.

Marcio Jose Bastos Silva/Shutterstock

Teatro de Santa Isabel, Recife, PE.

Atiaia/Shutterstock

Teatro José de Alencar, Fortaleza, CE.

Mario Andrioli/Shutterstock

Teatro Ópera de Arame, Curitiba, PR.

Nomes importantes no teatro brasileiro

Entre os nomes mais importantes do teatro brasileiro, destacam-se:

- **Nelson Rodrigues:** escritor, jornalista, cronista e romancista, foi um dos autores mais influentes do teatro brasileiro. Algumas de suas peças são *Vestido de noiva*, *A falecida*, *Senhora dos Afogados* e *Beijo no asfalto*.
- **Hilda Hilst:** poetisa, escreveu entre 1967 e 1969 oito peças importantes, entre elas *A empresa*, *O rato no muro*, *O visitante*, *Auto da barca de Camiri*, *As aves da noite* e *O verdugo*.
- **Maria Adelaide Amaral:** jornalista e editora, nasceu em Portugal, mas fez carreira no Brasil, contribuindo muito para o teatro brasileiro. Escreveu *Resistência*, *Cemitério de cruzes*, *Chiquinha Gonzaga*, *Ó Abre Alas*, entre outras.
- **Plínio Marcos:** renovou os padrões da dramaturgia brasileira, iniciou a carreira no circo e escreveu as peças *Dois perdidos em uma noite suja* e *Navalha na carne*.
- **Dias Gomes:** romancista, radialista e escritor. Autor de *O pagador de promessas*, um dos títulos mais premiados do teatro brasileiro, escreveu também *O bem-amado*, *O berço do herói* e *Campeões do mundo*.

Domínio público/Acervo Arquivo Nacional Brazilian National Archives, Public domain, via Wikimedia Commons

Fernanda Montenegro.

Atores brasileiros que marcaram a história do teatro no Brasil

O teatro brasileiro tem grandes nomes em sua trajetória. Entre eles, podemos citar alguns atores que atuaram e ainda atuam na arte do teatro, como Sérgio Cardoso, Marco Nanini, Paulo Autran, Lázaro Ramos, Antônio Edson, Selton Mello, Matheus Nachtergaele, Raul Cortez, José Wilker, Sérgio Britto, Mauri de Castro, Fernanda Torres, Fernanda Montenegro, Bibi Ferreira, Eva Wilma, Tônia Carrero, Cleyde Yáconis, Ruth Escobar, Paulo Gracindo, entre tantos outros.

Domínio público / Acervo Arquivo Nacional Brazilian National Archives, Public domain, via Wikimedia Commons

Tônia Carrero.

Fundo Correio da Manhã/Arquivo Nacional

Eva Wilma.

Domínio público / Acervo Arquivo Nacional Brazilian National Archives, Public domain, via Wikimedia Commons

Raul Cortez.

Leia, assista, ouça, acesse, visite!

Assista

Assista ao trecho da peça *O Auto da Compadecida*.
Disponível em: https://www.youtube.com/watch?v=G-TjHxXUWVE. Acesso em: 21 jan. 2025.

LIGANDO COM A PRÁTICA DO TEATRO E A INTELIGÊNCIA EMOCIONAL

Você sabia que a prática do teatro pode ajudar a desenvolver a inteligência emocional?

Sim, é verdade. Mas o que é inteligência emocional?

Inteligência emocional é a capacidade de reconhecer, compreender e lidar com as próprias emoções e com as emoções dos outros. Trata-se de uma habilidade essencial na vida pessoal e profissional, pois nos torna aptos a resolver conflitos de maneira pacífica, a administrar o estresse de forma eficaz e a construir relacionamentos fortes e positivos, e a arte é uma das melhores maneiras de estimular a inteligência emocional.

Por meio da prática do teatro, desenvolvemos:

- o autoconhecimento, que é a capacidade de compreensão das próprias emoções e de autoaceitação.
- a empatia, pois a prática de criar e interpretar personagens nos ajuda a compreender as emoções e os sentimentos dos outros; nos auxilia a nos colocarmos no lugar do outro.
- a desinibição, pois, como o teatro é, em geral, uma prática em grupo, aprendemos a falar em público e a ouvir.
- a expressão corporal e, consequentemente, a consciência corporal.
- a capacidade de lidar com conflitos.

Além disso, a prática do teatro ajuda a desenvolver a criatividade, a espontaneidade, a capacidade de comunicação e o trabalho em equipe.

Mentalmind/Shutterstock

Na pasta que acompanha este livro, você encontra a ficha para desenvolver a atividade proposta.

• FICHA 21

O teatro no Brasil – pesquisa, recorte e colagem

ATIVIDADE: Na ficha, há a imagem de um palco de teatro. Faça uma pesquisa sobre algum teatro de sua cidade ou sobre algum ator brasileiro. Nos espaços em branco da ficha, cole algumas imagens relacionadas à sua pesquisa e escreva um pequeno texto sobre o que pesquisou.

MATERIAL: canetas coloridas, tesoura com pontas arredondadas e cola em bastão.

Jogos teatrais

Quem sou eu?

Um aluno, que será o entrevistador, deverá sair da sala até que o restante da turma defina quem será o ator que interpretará determinada profissão. Em seguida, o entrevistador deverá voltar para a sala de aula e fazer perguntas ao ator, que deverá responder a elas apenas com improvisação de gestos, de movimentos e expressões faciais, até que o entrevistador descubra qual é a sua profissão.

Façam quantas dinâmicas forem necessárias, até que todos participem.

Verdade ou mentira?

A turma deverá se dividir em dois grupos. Cada grupo deverá se reunir e escolher alguém do próprio grupo para contar uma mentira sobre si mesmo ou sobre alguma coisa. Sentados em roda, cada participante do grupo deverá dizer uma verdade, que poderá ser sobre si mesmo ou sobre alguma coisa, e o mentiroso dirá a mentira. Os colegas do outro grupo deverão adivinhar quem disse a mentira. Eles terão duas chances; se errarem, o grupo adversário marca 1 ponto. Em seguida, o outro grupo se apresenta, repetindo o exercício. Ao final de 10 rodadas, vencerá o grupo que fizer mais pontos.

Que tal vocês escolherem uma peça de teatro para encenar no fim do ano?
Para ensaiar e organizar uma apresentação de teatro, gasta-se um bom tempo. Se vocês se organizarem, terão tempo de apresentar a peça no fim do ano letivo.
Com o professor, vocês devem escolher uma peça e dividir os papéis. Com certeza, não haverá papéis para todos, então um grupo pode cuidar do cenário; outro, da iluminação; outro, da sonoplastia; e outro, do figurino. E outro grupo pode ajudar na divulgação da peça por meio de cartazes, por exemplo.
Escolham horários para ensaios sempre com a presença do professor ou de algum responsável e definam o local onde a peça será apresentada. É muito importante que tudo seja organizado entre vocês e a direção da escola.

TEMA 11

A arte da xilogravura

Observe a imagem a seguir.

J. Borges

A vida na floresta, de J. Borges. Xilogravura, 60 cm × 45 cm.

Em 2002, J. Borges foi um dos treze artistas escolhidos para ilustrar o calendário anual da Organização das Nações Unidas (ONU). A xilogravura *A vida na floresta*, destaque deste tema, abriu o ano no calendário.

J. Borges é reconhecido como um dos mais importantes na técnica da xilogravura. Os temas que mais se destacam em sua produção são o cotidiano do homem do sertão, o cangaço, o amor, os castigos celestiais, os folguedos populares, entre outros, todos temas relacionados ao universo cultural do Nordeste.

O que é xilogravura?

Xilogravura (ou xilografia) é a técnica de gravura na qual, com uma prancha de madeira como matriz, é possível reproduzir sobre o papel ou outro suporte adequado à imagem gravada.

Trata-se de uma técnica de reprodução e impressão muito antiga. De acordo com historiadores, a xilogravura já fazia parte do cotidiano dos chineses desde o século XI. Durante a Idade Média, firmou-se no Ocidente e foi inovada no século XIX.

Entre as xilogravuras mais antigas, a mais conhecida é *Madonna del fuoco*, exposta desde 1425 na catedral da cidade de Forlì, na Itália.

Catedral de Forlì, Itália

Madonna del fuoco (*Madona do fogo*) (c. 1825), autor desconhecido. Xilogravura, 50,8 cm × 40,6 cm.

Conhecendo J. Borges

José Francisco Borges, mais conhecido como J. Borges, nasceu em Bezerros, Pernambuco, em 20 de dezembro de 1935. Aos 10 anos, começou a trabalhar na agricultura e vendia em feiras da região colheres de pau produzidas por ele mesmo. Foi mascate, marceneiro, pintor de parede e oleiro. Em 1964, começou a escrever folhetos de cordel, o que o levou a praticar a técnica da xilogravura. Desenhava direto na madeira, em geral imagens que extraía de memória, muitas delas lembranças das histórias que o pai lhe contava, de maneira ritmada, antes de dormir. Suas obras e sua técnica são nacionalmente reconhecidas como atividade cultural. Em 2006, foi criado o Memorial J. Borges. Localizado em Bezerros, funciona como oficina de cursos, ateliê e galeria. J. Borges faleceu em 26 de julho de 2024, na mesma cidade onde nasceu, aos 88 anos.

Na Europa, a técnica foi introduzida pelos romanos para impressão de imagens religiosas em cartões e para outras ilustrações. O texto mais antigo de que se tem registro é *Il libro dell'arte*, de Cennino Cennini, de 1437.

Foi no século XVI que a xilogravura se tornou uma forma de arte. Contudo, pelo fato de a madeira ser um material, de certo modo, não muito resistente à tinta, permitia reproduzir poucas cópias.

No século XIX, Thomas Bewick, excelente desenhista, começou a fazer uso da técnica da xilogravura em matrizes de madeira mais resistentes, o que tornou possível reproduzir várias cópias. A nova matriz possibilitou a realização de desenhos muito mais detalhados e definidos, graças à maior dureza da madeira.

No século XX, os expressionistas, em particular Edvard Munch e Erich Heckel, fizeram alguns de seus trabalhos mais significativos em xilogravura.

Retrato de homem (*autorretrato*) (1919), de Erich Heckel. Xilogravura, 46 cm × 33 cm.

Conhecendo Erich Heckel

O pintor e ilustrador Erich Heckel nasceu na Saxônia, um dos 16 estados federados da Alemanha, em 1883. Formou-se em Arquitetura e foi membro e fundador do grupo expressionista Die Brücke, que existiu de 1905 a 1913. Como a maior parte dos membros do grupo, era artista gráfico produtivo. Foi também professor da Universidade de Karlsruhe, na Alemanha, de 1949 a 1955. Faleceu aos 86 anos em Radolfzell, também na Alemanha, em 1970.

Com o desenvolvimento da gravação em placas de metal, a xilogravura foi considerada uma arte mais popular, relacionada ao trabalho do artesão.

No Brasil, a xilogravura tornou-se conhecida quando começou a ser utilizada para ilustrar as capas das histórias da literatura de cordel, manifestação artística herdada de Portugal e bastante presente no Nordeste. Os primeiros poetas desse tipo de literatura começaram a surgir a partir de 1750 e recitavam suas histórias em feiras ou praças.

Artesão: pessoa que produz trabalhos manuais, transmitindo neles aspectos da cultura na qual está inserido. O artesão é considerado artista popular, em oposição àqueles com formação acadêmica.

Como realizar um trabalho xilográfico?

Goiva: ferramenta cortante utilizada para entalhe em madeira, metal ou pedra.

Para fazer uso da técnica da xilogravura, é necessário compor um desenho em relevo na matriz de madeira, cavando as formas com um instrumento chamado goiva. Ao aplicar a tinta na matriz com um rolinho, as partes cavadas ficam brancas na impressão, enquanto as outras ficam na cor utilizada pelo artista, em geral o preto. Sobre a matriz pintada, aplica-se o papel com um pouco de pressão, estampando-se nele a imagem, espelhada em relação à que foi gravada.

Inicialmente, para se utilizar a técnica, é preciso lixar a prancha de madeira, fazer um desenho sobre ela com lápis grafite e cavar os sulcos, mantendo em relevo o que se quer que apareça colorido. Contudo, antes de passar o desenho para a madeira, é necessário analisar e estruturar o que se vai desenhar, procurando definir e respeitar áreas brancas e coloridas, só aí o desenho poderá ser transferido para a prancha, com papel-carbono.

O passo seguinte é passar, com um rolo, uma demão de tinta própria para xilogravura sobre as partes em relevo e prensar o papel sobre a madeira, retirando-o, em seguida, com cuidado. A matriz da xilogravura permite fazer várias cópias.

Koralle

Lucas Lacaz Ruiz/Fotoarena

Koralle

As imagens feitas com a técnica da xilogravura, quando transferidas para o papel, aparecem espelhadas.

J. Borges

J. Borges

Observe nas imagens um exemplo da xilogravura *Briga da onça com a serpente*, de J. Borges. A imagem da esquerda é a matriz; a da direita, a xilogravura finalizada.

Um brasileiro que se destacou com o trabalho da xilogravura foi Oswaldo Goeldi.

Chuva (1957), de Oswaldo Goeldi. Xilogravura colorida sobre papel japonês.

Tarde (1954), xilogravura de Oswaldo Goeldi.

Conhecendo Oswaldo Goeldi

Oswaldo Goeldi nasceu em outubro de 1895, no Rio de Janeiro, e é considerado um dos grandes artistas brasileiros na técnica da xilogravura, além de grande desenhista. Filho do cientista suíço Emílio Goeldi, estudou desenho na Suíça, onde viveu de 1900 a 1919. A xilogravura entrou definitivamente em sua vida a partir de 1923. Além das gravuras, fez ilustrações para periódicos e livros. Foi professor na Escola Nacional de Belas Artes. Em 1960, conquistou o 1º Prêmio Internacional de Gravura, na II Bienal Interamericana do México. Morreu aos 66 anos, no Rio de Janeiro, em 1961.

Oswaldo Goeldi. Foto de Carlos Moskovics/Acervo IMS

LIGANDO COM

LITERATURA DE CORDEL

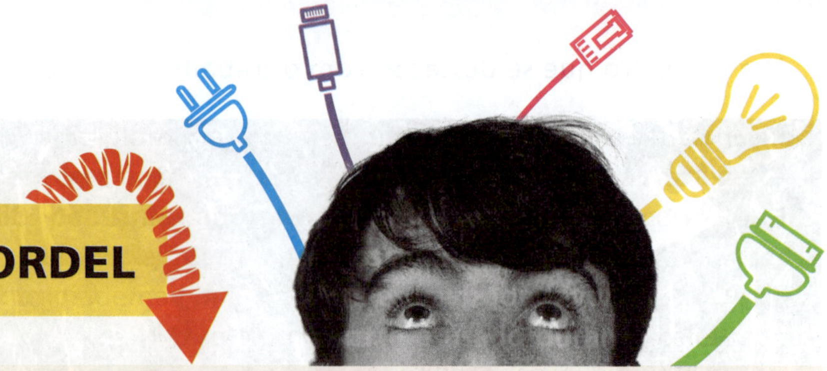

A literatura de cordel, também conhecida como folheto ou literatura popular em verso, ou apenas cordel, é um gênero literário popular escrito quase sempre em forma de rima. Os cordéis são histórias sobre os mais variados assuntos, ligados, na maioria, ao cotidiano de um local. As histórias têm como base relatos orais e depois são impressas em folhetos.

O nome "cordel" deriva da maneira como os folhetos são expostos para venda, ou seja, pendurados em cordas, cordéis ou barbantes. Alguns poemas são ilustrados com xilogravuras, também usadas nas capas. As estrofes mais comuns são as de dez, oito ou seis versos. Os autores, ou cordelistas, recitam os versos de forma melodiosa e ritmada, acompanhados de viola, e também fazem leituras ou declamações muito empolgadas e animadas.

Para reunir os expoentes desse gênero literário típico do Brasil, foi fundada em 1988 a Academia Brasileira de Literatura de Cordel, com sede no Rio de Janeiro.

A história da literatura de cordel remonta à época do Renascimento, quando teve início a impressão de relatos tradicionalmente orais feitos por trovadores medievais, e foi se desenvolvendo até a idade contemporânea.

Rodrigo Gavini/Shutterstock

Literatura de cordel.

FICHA

Na pasta que acompanha este livro, você encontra as fichas para desenvolver as atividades propostas.

• FICHA 22

Xilogravura – desenhar e imprimir

ATIVIDADE: Como não é aconselhável trabalhar com materiais cortantes (como goivas) sem a supervisão de um adulto, vamos fazer uma xilogravura diferente, mas com resultado final muito parecido.

Você vai usar uma bandeja de isopor como matriz. Recorte a borda da bandeja e faça um desenho livre, com lápis grafite. Fique atento, porque qualquer marca vai sair na impressão. Depois, passe a caneta esferográfica sobre o desenho, fazendo ranhuras mais profundas, tomando o cuidado de não furar a bandeja. Coloque tinta guache em outra bandeja (não use cores claras, que não apresentam contraste) e, com um rolinho de espuma, passe a tinta sobre o desenho da matriz. Segure o papel (a ficha) com as duas mãos e coloque-o sobre a matriz pintada, procurando centralizar o desenho; em seguida, faça leve pressão com a mão sobre a matriz, para que todos os espaços fiquem coloridos. Levante o papel com cuidado e deixe secar.

Dica: faça alguns estudos do desenho em folhas de papel sulfite. Quando tiver certeza do que quer desenhar, transfira o desenho para a bandeja de isopor.

MATERIAL: duas bandejas de isopor, lápis grafite, caneta esferográfica, tinta guache nas cores de sua preferência (não recomendamos o amarelo, pois fica muito claro, a não ser que seja misturado com branco, para ser impresso sobre fundo colorido), rolinho de espuma e pano para limpeza.

• FICHA 23

Xilogravura – desenhar e imprimir

ATIVIDADE: Nesta atividade, você vai proceder da mesma maneira que na anterior. Só que agora vamos ilustrar um texto da literatura de cordel. Pesquise imagens sobre o assunto.

MATERIAL: bandeja de isopor, lápis grafite, caneta esferográfica, tinta guache nas cores de sua preferência (não recomendamos o amarelo, pois fica muito claro, a não ser que seja para imprimir sobre papel colorido), rolo de espuma e pano para limpeza.

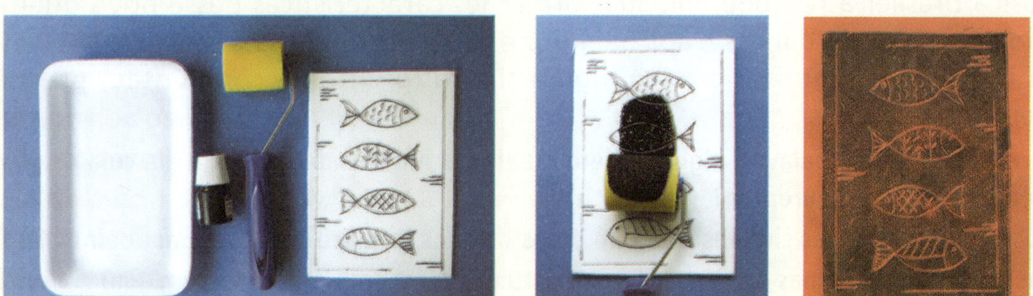

Acervo das autoras

TEMA 12

Instrumentos musicais brasileiros

Observe a imagem a seguir.

Studio Light and Shade/Shutterstock

Instrumentos musicais brasileiros.

Sendo os indígenas os primeiros habitantes do nosso país, os instrumentos musicais desses povos têm grande influência na música brasileira.

Os instrumentos indígenas são feitos com materiais extraídos da natureza, como sementes, pedaços de madeira e ossos.

A música brasileira recebeu, em sua formação, características desse povo quanto ao ritmo, ao som nasal, às danças e aos bailados e aos instrumentos musicais.

Cada instrumento musical produz algum tipo diferente de som. Então, precisamos entender o que é som.

- **Você conhece alguma palavra, algum objeto ou alguns hábitos de seu dia a dia cuja origem seja indígena, africana ou europeia?**
- **No nosso país há muitas cidades que têm essas origens. Lembra-se de alguma delas?**
- **Alguns alimentos, algumas danças e alguns costumes também têm origem em uma dessas culturas. Converse com seus pais e/ou com os familiares sobre o assunto, pois eles devem conhecer.**

O som e os instrumentos musicais

Na música, podemos definir o som como uma vibração regular, que produz ondas regulares e constantes. O som musical se expressa por meio de instrumentos musicais, da voz, de conjuntos musicais e vocais. Os ruídos ou barulhos também podem fazer parte da música.

Os primeiros instrumentos dos povos primitivos tinham como matéria-prima pedras, ossos e madeiras. Por meio dessas matérias-primas, eles construíam instrumentos para reverenciar os deuses e produzir festas. Com o passar do tempo, a curiosidade humana fez com que se construíssem instrumentos mais complexos para tocar.

O Brasil é um país conhecido pela diversidade cultural, e claro que na música essa diversidade também ocorreu.

Os instrumentos musicais brasileiros vão dos mais simples e tradicionais até os mais complexos, todos eles com características únicas. Fazem parte de nossa cultura e abrangem grande variedade, sendo alguns de origem indígena, outros de origem africana e outros, ainda, de origem europeia.

Instrumentos musicais de origem indígena

Os instrumentos indígenas são os mais antigos e apresentam características singulares. A música é uma das atividades mais importantes na socialização das tribos, e os indígenas têm grande quantidade de instrumentos musicais. Os mais comuns são:

- **chocalho** ou **maracá:** consiste numa cabaça, que é uma planta trepadeira de cor verde que, quando seca, endurece e fica oca. Os indígenas a utilizam com pequenas pedras, caroços ou sementes no interior, formando um chocalho. Depois, colocam nele um cabo de madeira e o enfeitam com penas.
- **pau de chuva:** instrumento de percussão e ritmos imprecisos. É comumente usado em cerimônias religiosas e rituais com ritmos musicais populares, em conjunto com outros instrumentos, como o mambo. O pau de chuva produz som próprio, proveniente da própria vibração, por isso é um instrumento idiofônico.
- **flauta:** instrumento que pode ser fabricado na horizontal ou na vertical, feito de materiais variados, sendo madeira e ossos os principais, mas também pode ser feito de barro.
- **uapi:** instrumento de percussão, é um tambor indígena feito de tronco de árvore e forrado com couro.
- **aiapá:** é um chocalho de tornozelo, geralmente feito com frutos secos do pequi.

Assessoria de Comunicação / Funai

Uapis.

Chico Ferreira/Pulsar Imagens

Aiapás.

Instrumentos musicais de origem africana

Os instrumentos musicais africanos são numerosos no Brasil e se adaptaram às características culturais do local. Ritmos como lundu e batuque proporcionam riqueza à música brasileira. Vamos conhecer alguns instrumentos de origem africana:

- **atabaque:** nome que vem do termo árabe *al-tabaq*, que significa "prato". É um tambor cilíndrico, de três tipos diferentes – *rum*, *rumpi* e *lê*. É bastante utilizado nas religiões de matriz africana e também nas rodas de capoeira como acompanhamento de outros instrumentos.
- **afoxé:** instrumento musical muito usado entre os africanos nas diferentes manifestações culturais. É feito com uma pequena cabaça redonda coberta de rede de bolinhas ao redor. Muito utilizado no samba e em outros ritmos nordestinos.
- **agogô:** instrumento musical composto de múltiplos sinos (agogô significa "sinos" na língua iorubá), é muito tocado em rodas de capoeira e usado, ainda, para marcar o ritmo do samba.

Fred S. Pinheiro/Shutterstock

Atabaques.

Giovanni Seabra Baylao/Shutterstock

Afoxé.

Bruno Martins Imagens/Shutterstock

Agogô.

- **berimbau:** instrumento musical de origem angolana, chegou ao Brasil com os escravizados e é muito utilizado na Bahia, em especial em rodas de capoeira. Em geral, é ele que comanda a roda de capoeiristas.
- **caxixi:** chocalho característico da região do Congo e de Angola, tem som idiofônico.
- **cuíca:** tambor de fricção interna, tem origem oriental, mas chegou ao Brasil com os escravizados africanos. É muito usado na dança do maracatu e por escolas de samba.
- **reco-reco:** instrumento tocado com vareta, a qual age como um tipo de "raspagem", produzindo o som. É quase sempre feito de madeira e muito utilizado nas rodas de samba.

AlvMac/Shutterstock
Berimbaus.

Charnsitr/Shutterstock
Caxixi.

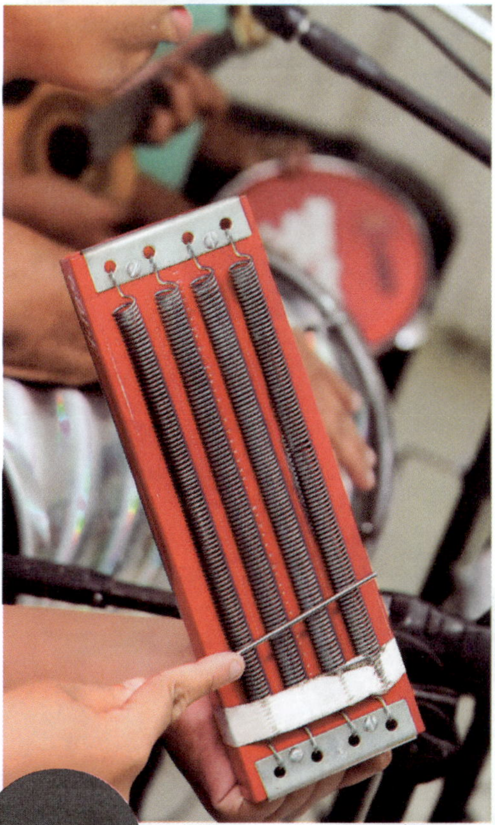
Lili Gluck/Shutterstock
Reco-reco.

Bruno Martins Imagens/Shutterstock
Cuíca.

Instrumentos musicais de origem europeia

A contribuição europeia para a música brasileira é de grande importância. Os europeus trouxeram para o Brasil a modinha, as serestas, a cantiga de roda, as canções infantis, as polcas e as valsas. Entre os instrumentos musicais de origem europeia, podemos citar o violão, a rabeca, o cavaquinho, o pandeiro, o repinique, o acordeão, a gaita, entre outros.

Violão.
Krakenimages.com/Shutterstock

- **Violão:** foi um dos primeiros instrumentos musicais a chegar ao Brasil em forma de viola de dez cordas. Derivado da cultura árabe, é empregado em músicas tipicamente brasileiras, como a bossa nova.
- **Rabeca:** instrumento de corda semelhante a um violino, porém de aparência mais rústica. Acredita-se que tenha origem árabe.
- **Cavaquinho:** de origem portuguesa, chegou ao Brasil graças aos colonizadores europeus portugueses. É um instrumento musical muito presente nas rodas de samba, bastante usado no samba e no chorinho.
- **Pandeiro:** de origem do Oriente Médio, foi levado para a Península Ibérica pelos mouros (muçulmanos). É um instrumento de percussão também conhecido como tamborim, que consiste em uma caixa de madeira que produz ressonância. O pandeiro ficou tão popular no Brasil que é utilizado em várias músicas brasileiras.

Pandeiro.
Fred S. Pinheiro/Shutterstock

Cavaquinho.
Walace Fernando/Shutterstock

Rabeca.
Alinecapobianco - stock.adobe.com

- **Repinique:** instrumento de percussão tocado com uma baqueta, atua como condutor musical em escolas de samba, anunciando dicas ao grupo; é também muito utilizado nas batucadas.
- **Acordeão:** de origem alemã, o acordeão, ou acordeon, é um instrumento portátil com dois teclados – normalmente, um semelhante ao do piano, e outro constituído de botões – ligados por um fole. Introduzido na região do Rio da Prata por imigrantes alemães, é bastante utilizado em músicas gaúchas.
- **Gaita:** instrumento musical de sopro feito de bambu utilizado no folclore brasileiro. Atualmente, temos a gaita harmônica chamada gaita de boca ou de sopro, cujos sons são produzidos por um conjunto de palhetas.

John Blottman/Shutterstock

Gaita

Igor Alexsander/Shutterstock

Acordeão.

Alno, CC BY-SA 3.0 via Wikimedia Commons

Repinique.

Leia, assista, ouça, acesse, visite!

Assista aos vídeos a seguir para conhecer o som de alguns instrumentos musicais.

- Maracá. Disponível em: https://www.youtube.com/watch?v=Hrhkn4QqhXs.
- Pau de chuva. Disponível em: https://www.youtube.com/watch?v=jiFHPFoLXqg.
- Atabaque. Disponível em: https://www.youtube.com/watch?v=Ok7VqtJx0C4.
- Agogô. Disponível em: https://www.youtube.com/watch?v=eu19tD6EczE.
- Caxixi. Disponível em: https://www.youtube.com/watch?v=9DLjW7UgA3A.
- Rabeca. Disponível em: https://www.youtube.com/watch?v=S2frOvRGDYo.
- Cavaquinho. Disponível em: https://www.youtube.com/shorts/lYoBxGgcJL0.
- Repinique. Disponível em: https://www.youtube.com/watch?v=xa18msoV_V4.
- Acordeão. Disponível em: https://www.youtube.com/watch?v=A5EE57Yglvk.
- Gaita. Disponível em: https://www.youtube.com/watch?v=0ANnisP1jLA.

Acessos em: 22 jan. 2025.

Na pasta que acompanha este livro, você encontra a ficha para desenvolver a atividade proposta.

• FICHA 24

Instrumento musical – maracá – confecção

ATIVIDADE: Você vai confeccionar um maracá. Siga as etapas e observe as imagens do passo a passo.

1. Lave e seque bem uma garrafa PET. Corte-a em duas partes, deixando cerca de 4 cm da base e aproximadamente 9 cm da tampa para baixo.
2. Coloque alguns grãos dentro da base (pode ser arroz, feijão, milho, entre outros) e encaixe nela a parte de cima da garrafa PET.
3. Cole com fita-crepe.
4. Corte a parte interna do rolo de papel higiênico e enrole-a na tampa da garrafa. Grampeie ou cole com cola em bastão ou fita-crepe. No fundo, cole outra tampinha de garrafa, para dar sustentação ao cabo.
5. Decore o maracá colando as tiras de papel da ficha. A tira mais estreita é para o corpo do maracá; a mais larga, para forrar o cabo do instrumento.
6. Decore com fita adesiva.

Seu maracá está pronto para ser usado no acompanhamento de músicas.

MATERIAL: uma garrafa PET de 600 ml, tesoura com pontas arredondadas, parte interna de um rolo de papel higiênico, fita adesiva, grãos, fita-crepe e grampeador ou cola em bastão.

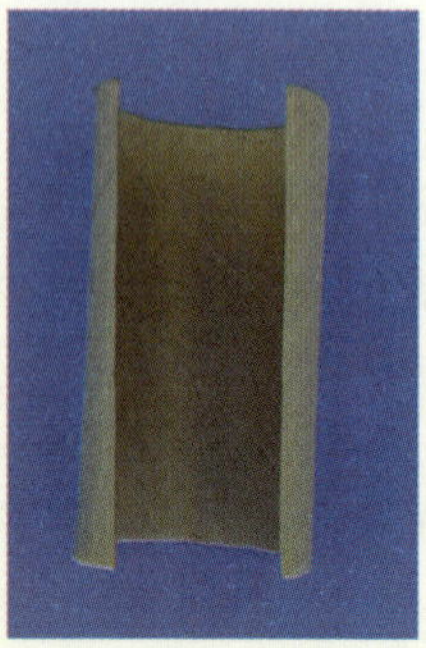

Acervo das autoras

TEMA 13

Neoclassicismo, Romantismo e Realismo

Observe a pintura a seguir.

Museu do Louvre, Paris

A Liberdade guiando o povo (1830), de Eugène Delacroix. Óleo sobre tela, 260 cm × 325 cm.

A obra de Eugène Delacroix que abre este tema mostra o povo lutando pela liberdade. A mulher, que representa a liberdade, levanta a bandeira francesa com uma das mãos e empunha uma arma (mosquete com baioneta) na outra.

Mais que uma figura física, a mulher é uma alegoria que conduz o povo à luta pela liberdade.

Alegoria: representação figurativa de pensamentos, ideias abstratas, sentimentos.

Transformações ocorridas nas artes no século XIX

O fim do século XVIII e início do XIX foram períodos grandiosos e inquietantes no cenário mundial. A Revolução Francesa (França), que pregava a igualdade entre os homens, e a Revolução Industrial (Inglaterra), com a formação de uma nova classe social, o operariado, e o advento das máquinas e da metalurgia, provocaram profundas mudanças nos campos político, social, ideológico e cultural.

A arte também sofreu profundas transformações. De uma visão calma, pacata, passou a uma visão passional (romântica), de observação da natureza e do homem.

Passional: que ou aquele que provoca paixão.

Vamos conhecer as correntes artísticas desse período.

Neoclassicismo

Entre 1800 e 1900, o Neoclassicismo difundiu-se por toda a Europa, influenciando amplamente as artes em geral. Na Arquitetura, houve uma retomada das formas greco-romanas, tendo como referência a linha reta, a superfície plana e as colunas. Em toda a Europa, arquitetos foram chamados para projetar prédios, obedecendo ao novo modelo arquitetônico. Na Itália, destacaram-se dois importantes arquitetos representantes do estilo neoclássico: Giuseppe Piermarini, que trabalhou em obras como o Teatro alla Scala de Milão e o Palácio Real, e Giuseppe Valadier, urbanista, grande restaurador de antiguidades romanas, célebre por ter idealizado a Praça do Povo, em Roma.

Saiko3p/Shutterstock

Teatro alla Scala de Milão, na Itália, obra arquitetônica de Giuseppe Piermarini.

Na França, destacou-se o arquiteto Pierre-Alexandre Vignon, cuja principal obra é a Igreja de La Madeleine, em Paris, estrutura que lembra o Partenon grego, com 52 colunas e um frontão com figuras em relevo.

Na escultura, a mais forte característica do período é o uso do mármore nas composições, buscando harmonia entre proporções e formas, além da exploração de temas relacionados à mitologia e seus grandes heróis. O destaque nesse tipo de arte é Antonio Canova, artista italiano considerado mestre universal do estilo neoclássico e admirado por críticos de arte. Canova produziu esculturas e inúmeros monumentos, como *Psiquê renovada pelo beijo do amor*. Observe o entrelaçamento dos braços e o dinamismo das asas.

Museu do Louvre, Paris, França

Igreja de La Madeleine, em Paris, França, obra do arquiteto Pierre-Alexandre Vignon.

Psiquê renovada pelo beijo do Amor (1787-1793), de Antonio Canova. Mármore, 155 cm de altura.

Richie Chan/Shutterstock.

Frontão: arquitetura em formato triangular que adorna a fachada principal de uma obra.

Conhecendo Antonio Canova

Natale Schiavoni, Public domain, via Wikimedia Commons

O escultor italiano Antonio Canova nasceu em Possagno, em novembro de 1757, e faleceu em Veneza, em outubro de 1822. Trabalhou como desenhista, pintor e arquiteto, mas foi na escultura que se destacou, pelo estilo neoclássico e pela ampla produção de estátuas e monumentos inspirados na arte da Grécia Antiga. Suas obras estão em toda a Europa, em parques, jardins, palácios, igrejas e museus, e influenciaram gerações de artistas. Ocupou o cargo de diretor da Accademia di San Luca, em Roma, e de inspetor-geral de Antiguidades e Belas Artes dos Estados do clero católico. Recebeu várias condecorações e, do papa, o título de Marquês de Ischia.

Napoleão cruzando os Alpes (1802), de Jacques-Louis David. Óleo sobre tela, 260 cm × 221 cm.

Museu Fabre, Montpellier, França

A pintura da arte neoclássica contava, em sua composição, com elementos como formalismo, refletindo racionalismo dominante, exatidão nos contornos e harmonia do colorido. Foi privilegiada por nomes como o pintor Jacques-Louis David (1748-1825), que se tornou o predileto de Napoleão Bonaparte.

Romantismo

O Romantismo surgiu na Europa nas últimas décadas do século XVIII e permaneceu até boa parte do século XIX. Da mesma forma que o Neoclassicismo, também revolucionou as artes em geral.

Na arquitetura, o Romantismo baseava-se em um gosto estritamente medieval, em especial no norte da Europa. Suas características eram rejeição às regras da arquitetura neoclássica, uso de cores, irregularidade em termos de espaço e volume, entre outras. Os edifícios do período romântico lembram castelos, catedrais, torres medievais e são ornamentados com belíssimos vitrais e esculturas.

As grandes representações arquitetônicas dessa época são obras significativas, como a do alemão Karl Friedrich Schinkel e a do francês Eugène Viollet-le-Duc.

INTREEGUE Photography/Shutterstock

Museu Antigo de Berlim (1823-1830), Alemanha, obra do arquiteto Karl Friedrich Schinkel.

No Brasil, a arquitetura romântica sofreu influência europeia, sobretudo francesa, e sua principal característica era a decoração extremamente luxuosa, tanto na parte interior como na parte exterior das obras.

Os lucros oriundos do café possibilitaram o desenvolvimento de nossa arquitetura no período imperial. Foram construídos vários edifícios públicos e particulares, sobrados e palacetes, igrejas e teatros.

Leonid Andronov/Shutterstock

Teatro Municipal do Rio de Janeiro (1909), com 37 metros de altura, obra do arquiteto francês Albert Guilbert e do engenheiro brasileiro Francisco de Oliveira Passos.

Conhecendo Albert Guilbert

O arquiteto francês Albert Guilbert nasceu em Pontoise, em maio de 1866, e morreu em Paris, em março de 1949. Estudou em Paris e ainda muito jovem iniciou uma brilhante e premiada carreira em arquitetura. Nomeado inspetor-geral de monumentos históricos em 1898, foi também vice-presidente da Associação dos Arquitetos Franceses. Grande número de monumentos e construções neoclássicas na França e em outros países são de sua autoria.

Bibliothèque nationale de France, Public domain, via Wikimedia Commons

Conhecendo Francisco de Oliveira Passos

Domínio público / Acervo Arquivo Nacional, via Wikimedia Commons

O arquiteto e engenheiro carioca Francisco de Oliveira Passos nasceu em julho de 1878 e faleceu em janeiro de 1958. Formou-se em Engenharia Civil em Dresden, Alemanha. De volta ao Brasil, trabalhou em algumas obras de engenharia e foi consultor técnico da prefeitura do Distrito Federal. Participou do concurso para o projeto do Teatro Municipal do Rio de Janeiro, obtendo empate no primeiro lugar com o arquiteto francês Albert Guilbert.

Em termos de pintura, a definição de obra romântica não é algo simples, uma vez que o Romantismo não foi um estilo unificado no que diz respeito à temática ou à técnica.

A pintura romântica apresenta-se em nome dos sentimentos, das inspirações do livre pensamento, não da escolha de determinado tema em si.

Entre os sentimentos retratados em pinturas do período romântico estão a angústia, a solidão, o desespero.

Dois principais artistas desse período são Francisco José de Goya y Lucientes, mais conhecido como Goya, e Eugène Delacroix.

Museu do Prado, Madri

O guarda-sol (1776-1778), de Francisco de Goya. Óleo sobre tela, 104 cm × 152 cm.

Conhecendo Francisco de Goya

Vicente López Portaña, Public domain, via Wikimedia Commons

O pintor espanhol Francisco José de Goya y Lucientes nasceu em Fuendetodos, em março de 1746, e morreu em Bordéus, cidade francesa, em abril de 1828. Voltou-se para as artes plásticas, em especial a pintura, desde a adolescência, tendo estudado em Saragoça com o pintor Don José Luzán y Martinez, e fazia parte do aprendizado copiar quadros dos grandes mestres. Mais tarde, como aluno da Academia de Belas Artes de Parma, começou a receber encomendas para trabalhos. Mudou-se para Madri após se casar e trabalhou com desenhos para tapeçarias, a maioria com temas de paisagens e folclore. Logo passou a pintar retratos, recebendo encomendas de membros da aristocracia. Em 1785, foi nomeado pintor oficial da família real espanhola. Sua temática foi mudando ao longo da vida. Suas pinturas mostraram-se menos acadêmicas e passaram a ter cores mais escuras, e seu modo de pintar tornou-se mais livre. No início do século XIX, pintou cenas de guerra sem a exaltação a heróis ou a glórias militares, mas, ao contrário, demonstrando os horrores e a tragédia das vítimas de batalhas sangrentas.

Eugène Delacroix talvez seja o maior representante da pintura romântica. Foi um artista inovador, e sobre seus estudos se desenvolveram, mais tarde, pesquisas sobre o Impressionismo.

Apesar do interesse pela poesia e pela literatura, e de extrair temas dessas obras, usou-as apenas como ponto de partida. A maior preocupação de Delacroix era a abordagem científica da pintura. Pesquisou e estudou as cores. Comparava as combinações de cor com as combinações musicais. Pela primeira vez na história da pintura, usou cores complementares sobrepostas.

Para o artista, as cores não vinham prontas na paleta. Eram criadas por tonalidades que se mesclavam à vista do espectador.

Museu do Louvre, França

A barca de Dante (1822), de Eugène Delacroix. Óleo sobre tela, 189 cm × 241 cm.

Conhecendo Eugène Delacroix

Nadar, Public domain, via Wikimedia Commons

O pintor francês Ferdinand Victor Eugène Delacroix nasceu em Saint-Maurice, em abril de 1798, e morreu em Paris, em agosto de 1863. É considerado um dos mais expressivos representantes do Romantismo. Filho de família rica, cursou as melhores escolas de Paris e nunca teve problemas com a sobrevivência. Cedo, dedicou-se às artes, frequentando museus e estudando obras de mestres como Rafael Sanzio e Peter Paul Rubens. Pesquisou profundamente a utilização de efeitos ópticos na pintura, empregando técnicas que, mais tarde, viriam a influenciar os impressionistas. Interessou-se por política, acompanhando os eventos franceses da época. No fim da vida, isolou-se em seu ateliê, pintando e escrevendo comentários sobre arte em seu diário.

Jebulon/Wikimedia Commons

A marselhesa (1833), de François Rude. Escultura do Arco do Triunfo, Paris, França.

No que se refere à escultura, as temáticas giravam em torno da conquista da liberdade. Indivíduos apresentavam expressões carregadas de sentimentos, emoções, e as superfícies eram, aparentemente, inacabadas.

Nos escultores românticos, vemos o limite e a espontaneidade. Entre os artistas mais importantes do período, temos François Rude, Jean-Baptiste Carpeaux, Antoine-Louis Barye e Antoine-Augustin Préault.

Nas obras românticas, são exaltados heróis e figuras nacionais. As esculturas, na maioria, são superdimensionadas, ao retratar reis e militares.

A obra ao lado, também chamada *A partida dos voluntários*, imortalizou o nome de François Rude. Exibe a figura alada da pátria-mãe pedindo aos voluntários que lutem por sua nação, a França.

Conhecendo François Rude

Alphonse-Charles Masson, Public domain, via Wikimedia Commons

O escultor francês François Rude nasceu em janeiro de 1784, em Dijon, e morreu em novembro de 1855, em Paris. Estudou desenho na adolescência com o pintor e retratista François Devosge e depois matriculou-se na Escola Real de Desenho de Dijon. Mudou-se para Paris, onde prosseguiu os estudos de arte. Em 1833, ao ser premiado por uma escultura que rompia os padrões acadêmicos – *Jovem pescador napolitano brincando com uma tartaruga* –, iniciou uma carreira de enorme sucesso, sendo chamado para inúmeras obras que marcaram a história da arte na França.

Realismo

O Realismo teve origem na Europa (França), nas décadas finais do século XIX, em oposição ao Romantismo. O objetivo dos realistas era mostrar a realidade tal qual se apresentava, sem ocultar ou distorcer os fatos.

Na arquitetura, foram construídas fábricas, ferrovias e casas com novos materiais (ferro, cimento etc.), para atender à nova classe social: a burguesia.

Esse é considerado o melhor momento da arquitetura, isto é, o momento no qual a arquitetura foi ao encontro das necessidades urbanas; as cidades não necessitavam mais de castelos ou palácios, mas, sim, de hospitais, bibliotecas, fábricas, escolas, mercados, galerias, estações ferroviárias etc.

Dois nomes importantes desse período são Joseph Paxton, arquiteto inglês que idealizou o famoso Palácio de Cristal, em Londres, no qual foi realizada a Exposição Mundial de 1851, e Gustave Eiffel, engenheiro francês responsável pelo projeto da famosa Torre Eiffel, símbolo de Paris, feita em ferro, com 320 metros de altura.

Misterviad/Shutterstock

Torre Eiffel, nome dado em homenagem a Gustave Eiffel, um dos engenheiros responsáveis pelo projeto.

A construção da torre teve início em janeiro de 1887, e a obra foi finalizada em março de 1889 – conclusão em tempo recorde: dois anos e dois meses, verdadeiro feito técnico para a época.

Os escultores realistas tinham preferência por temas atuais, e, muitas vezes, suas obras apresentavam caráter político. Entre os grandes escultores do Realismo destaca-se François-Auguste-René Rodin, mais conhecido apenas como Auguste Rodin, artista que procurava retratar em seus trabalhos os seres como são, sem se preocupar com o ideal de realidade.

Entre seus trabalhos mais importantes estão *O pensador*, *O beijo*, *Os cidadãos de Calais*, *O filho pródigo*, *Figura de voo*, *Balzac nu com os braços cruzados*, *Madame Fenaille* e *A eterna primavera*.

João Musa/Masp

A eterna primavera (1884), de Auguste Rodin. Escultura em bronze, 66 cm × 82 cm × 40 cm.

Conhecendo Auguste Rodin

Nadar, Public domain, via Wikimedia Commons

O escultor francês François-Auguste-René Rodin nasceu em Paris, em novembro de 1840, em uma família de operários. Por apresentar desde cedo enorme talento artístico, conseguiu estudar pintura e desenho em uma escola de artes, a Petite École, em Paris, dos 14 aos 17 anos. A partir daí, após ser recusado na principal escola de artes da capital francesa, adquiriu a maior parte de seus conhecimentos como autodidata. Para ganhar a vida, trabalhou como artesão. Após uma viagem à Itália, na qual conheceu as obras de artistas renascentistas, principalmente as de Michelangelo, retornou à França e dedicou-se à escultura, concebendo criações que se distanciavam das obras tradicionais e, por isso, receberam enormes críticas. Seus trabalhos, entretanto, apresentavam tanto vigor e complexidade que acabaram influenciando profundamente as gerações seguintes. No fim da vida, Rodin foi reconhecido como importante escultor. Morreu em novembro de 1917.

A pintura realista procurou representar a realidade, dando liberdade aos sonhos e às fantasias; a beleza estava na realidade tal qual ela era, sem deixar de acompanhar os progressos da ciência, do homem e as transformações da natureza.

Os artistas do período realista retrataram em suas obras o dia a dia de pessoas comuns da sociedade – os trabalhadores –, elevando-as à categoria de heróis, muito diferente das idealizadas da pintura romântica.

Entre os pintores mais conhecidos desse período estão Gustave Courbet, Honoré Daumier, Jean-Baptiste Camille Corot e Jean-François Millet.

Museu de Belas Artes de Nantes, França

Mulheres peneirando trigo (1854-1855), de Gustave Courbet. Óleo sobre tela, 131 cm × 167 cm.

Museu D'Orsay, Paris, França

As respigadoras (1875), de Jean-François Millet. Óleo sobre tela, 83,8 cm × 111,8 cm.

O Romantismo no Brasil

O Romantismo foi um dos principais movimentos de arte do século XIX e, no Brasil, teve início com a chegada da Família Real portuguesa, em 1808. Em 16 de dezembro de 1815, o país deixou oficialmente de ser colônia de exploração e passou a ser a sede do Reino Unido de Portugal, Brasil e Algarves. Com isso, uma série de modernizações começou a ocorrer, e algumas das principais delas aconteceram nas artes em geral.

Escultura

A escultura teve que encontrar meios técnicos de expressividade para representar o espírito romântico, exaltando sentimentos e emoções. Observe parte da fachada desta confeitaria de Porto Alegre, no Rio Grande do Sul.

Benjamim Mattos

Confeitaria Rocco. No detalhe da fachada, escultura com o atlante jovem, do lado esquerdo da imagem, e do atlante velho, do lado direito. Porto Alegre, RS.

Arquitetura

A arquitetura romântica no Brasil é caracterizada pela decoração rebuscada e luxuosa, tanto no interior das obras como na fachada. Veja a Catedral da Sé, monumento histórico da cidade de São Paulo.

Diego Grandi/Shutterstock

Catedral da Sé, em São Paulo, SP.

Pintura

Na pintura, a tendência era enfatizar a cor e os contrastes entre claro e escuro. Isso ficou evidente em algumas obras, como as de Victor Meirelles (1832-1903), Pedro Américo (1843-1905), Rodolfo Amoedo (1857-1941) e Henrique Bernardelli (1857-1936).

Museu Paulista da USP, SP

Independência ou morte (1888) (também conhecido como *O grito do Ipiranga*), de Pedro Américo. Óleo sobre tela, 415 cm × 760 cm

- Faça uma pesquisa na internet e procure outras obras de Pedro Américo e dos demais artistas brasileiros importantes para o Romantismo no Brasil.

Conhecendo Pedro Américo

Domínio público/Acervo bndigital/ Biblioteca digital Luso-Brasileira

Pedro Américo de Figueiredo e Melo nasceu em 29 de abril de 1843, em Areia, na Paraíba. Era filho de violinista e desde cedo demonstrou muita vocação para as artes. Aos 11 anos, mudou-se para o Rio de Janeiro, para estudar no Colégio Pedro II, e aos 13 ingressou na Academia Imperial de Belas Artes. Aos 16, recebeu do imperador D. Pedro II uma bolsa para estudar na Escola Nacional Superior de Belas Artes de Paris e lá foi aluno de Jean-Auguste-Dominique Ingres, um dos maiores pintores do Neoclassicismo francês. De volta ao Brasil aos 21 anos como professor na Escola de Belas Artes, voltou para a Europa em seguida e, em 1869, aos 26 anos, casou-se com Carlota de Araújo Porto Alegre, em Portugal, com quem teve três filhos. Faleceu em Florença, na Itália, em 7 de novembro de 1905, aos 62 anos.

LIGANDO COM

LINGUAGEM VISUAL – LEITURA E ANÁLISE DE OBRA DE ARTE

Museu do Louvre, Paris

A liberdade guiando o povo (1830), de Eugène Delacroix. Óleo sobre tela, 260 cm × 325 cm.

A obra de Delacroix, apresentada na abertura deste tema, símbolo do Romantismo e de suas aspirações, foi inspirada na revolta popular ocorrida em Paris, em 1830. Na tela, os diferentes personagens indicam as mais variadas classes sociais. Trata-se de uma composição clássica.

A mulher que levanta a bandeira é uma alegoria à pátria, figura clássica inspirada em Nice, divindade grega. Ela está no campo de batalha, provavelmente o centro revolucionário da Ponte de Arcole, e empunha uma arma (uma baioneta com mosquete). As cores vivas da bandeira da França destacam a mulher-símbolo da liberdade.

O céu azul-amarelado contrasta com o vermelho da bandeira. A mulher usa vestes claras, que vez ou outra se repete nas roupas dos demais personagens.

A mulher e os personagens dessa tela são simbólicos. Delacroix inseriu nela elementos de dois autorretratos. O primeiro aparece na veste do intelectual empunhando a arma e representa a burguesia; o segundo, que representa o povo, aparece com uma faca ensanguentada em uma das mãos e um revólver na outra. Diante deles, um rapaz, que representa a coragem, olha a Liberdade, símbolo da fé e dos ideais franceses.

Em primeiro plano, na tela, a morte é representada pelos corpos espalhados ao chão. Não parece haver diálogo entre os personagens; são mais figuras isoladas, carregadas de simbologia. O homem sem calças, ou seja, o cadáver desnudo, provavelmente teve a vestimenta furtada pelos revoltosos.

FICHA

Na pasta que acompanha este livro, você encontra as fichas para desenvolver as atividades propostas.

• FICHA 25

Realismo – projeto e desenho

ATIVIDADE: Com base na obra do arquiteto Gustave Eiffel, idealizador da Torre Eiffel, desenhe uma obra de arquitetura – pode ser uma torre, uma ponte, a fachada de uma igreja etc. Crie sua obra. Faça um projeto, desenhe-o e pinte-o.

MATERIAL: lápis grafite, borracha, lápis de cor ou caneta hidrocor.

• FICHA 26

Obra de arte de Jean-François Millet – pintura

ATIVIDADE: Observe no livro a obra *As respigadoras*, de Jean-François Millet. Nela, vemos três camponesas recolhendo restos de folhas de trigo esquecidas após a colheita. A distância, os ceifeiros armazenam o abundante produto das colheitas.

Essa obra mostra a classe trabalhadora do campo. Millet transformou a cena em imagem de heroísmo, representada pelos camponeses e sua intimidade com a terra, num flagrante realismo. Essa tela provocou duras críticas entre os contemporâneos do pintor, mas atualmente é considerada uma das obras-primas do século XIX.

Fique atento às cores, às nuances, à luz e às sombras da tela. Pinte o desenho que aparece na ficha. Você pode utilizar as mesmas cores do pintor ou criar outro esquema de cores.

Nuance: aumento ou diminuição de cor.

MATERIAL: lápis aquarelável, pincel, recipiente com água e pano para limpeza.

TEMA 14

Fotografia – um clique!

Observe a imagem a seguir.

HappyVibeArt/Shutterstock

Fotografia colorida de arco-íris emergindo do mar.

Você costuma tirar fotografias? Gosta de ver fotografias? Sabe como fazer boas fotos?

Para fotografar, vários aspectos devem ser levados em consideração, como a luminosidade, o enquadramento, os elementos que compõem a cena, entre outros.

Além disso, existe seu olhar. O olhar é que, na infinidade de imagens que nos cercam, encontra o motivo, procura o foco e faz o enquadramento para tornar a imagem especial.

A arte de fotografar

De acordo com o *Dicionário Houaiss eletrônico da Língua Portuguesa*, fotografar significa "reproduzir (pessoa, objeto, paisagem etc.) por processo fotográfico".

Película: filme.

Graças à capacidade de alguns materiais e de algumas substâncias químicas serem sensíveis à luz, tornou-se possível registrar imagens sobre películas, papel e outras superfícies. Essa tecnologia evoluiu até as imagens digitais, que podem ser feitas com aparelhos celulares.

Podemos considerar a fotografia uma técnica que nos permite registrar instantes do cotidiano, constituindo um código de comunicação autônomo e expressivo.

Para fotografar e conseguir imagens claras e detalhadas, é necessário obedecer a algumas regras.

a) Movimente a câmera até conseguir um bom ângulo do que se quer fotografar. Segure-a com firmeza e tire algumas fotos, para depois selecionar a melhor.

b) A luz solar ou artificial deve estar sempre na frente ou sobre a pessoa ou o objeto a ser retratado. Observe as imagens.

Na primeira foto, a luz está atrás do Cristo Redentor. Então, o resultado é uma imagem sem nitidez, onde parte dela fica ofuscada pela luz.

Na segunda, a luz está sobre o Cristo Redentor, assim o resultado tem mais clareza.

Shutterstock

Marcello 74/Shutterstock

c) O enquadramento é fundamental para obter uma boa fotografia. Posicione a câmera na horizontal ou na vertical, dependendo do enquadramento que se deseja em relação ao fundo. Se for retratar uma pessoa, tenha cuidado para não cortar os pés nem parte da cabeça do retratado. Para fazer um retrato, posicione a câmera na vertical, que corresponde ao contorno do rosto. O resultado é o foco na expressão e nos detalhes do rosto.

d) Para fotografar uma paisagem, esteja atento à linha do horizonte.

Na primeira foto, a linha do horizonte está praticamente no meio da paisagem. Parte de nossa atenção está no céu, parte no mar.

Na segunda foto, a linha do horizonte está na parte inferior da paisagem. Nossa atenção se volta para o céu.

Na terceira foto, a linha do horizonte está na parte superior da paisagem, então nossa atenção se volta, automaticamente, para o mar.

Shutterstock

e) Se o foco de sua foto for um objeto – um prato de alguma sobremesa, por exemplo –, observe bem o entorno. Procure fotografar em ambientes organizados, eliminando objetos que possam desviar a atenção do objeto a ser retratado.

Margostock/Shutterstock

Konstantin/Shutterstock

Gêneros fotográficos

Há vários gêneros na fotografia. Vamos conhecer alguns deles.

> Gênero: tipo, espécie; de mesma origem.

Fotojornalismo

O objetivo principal do fotojornalismo é conseguir imagens que sirvam para complementar reportagens. Os repórteres fotográficos registram, em geral, temas relacionados à política, à economia, às condições humanas, aos esportes, ao meio ambiente, às catástrofes etc. Trata-se de um tipo de fotografia destinado a transmitir à população informações por imagens dos acontecimentos diários.

Douglas Pfeiffer/Shutterstock

Fotografia da cidade de Porto Alegre, no Rio Grande do Sul, após série de enchentes ocorrida entre fim de abril e início de maio de 2024.

A.RICARDO/Shutterstock

Fotografia da ginasta Rebeca Andrade ao ganhar a medalha de ouro nos Jogos Olímpicos de Paris, em 2024, sendo reverenciada pelas ginastas estadunidenses Simone Biles e Jordan Chiles.

Fotografia científica

A fotografia científica é usada para mostrar resultados de pesquisas científicas, ilustrar fatos descritos em livros didáticos ou aproximar a ciência da sociedade. É empregada em quase todas as áreas do conhecimento, com destaque para a Medicina, para a Odontologia e para as Ciências da Natureza.

Bluecrayola/Shutterstock

Microfotografia de cristais de gelo. A microfotografia é obtida com base na imagem observada em um microscópio.

Gerrit Lammers/Shutterstock.

Macrofotografia de uma joaninha.

Hering

Comercial de marca de roupas.

Fotografia publicitária

A fotografia publicitária tem por finalidade convencer o observador a adquirir determinado produto; assim, não registra especificamente a realidade do produto, mas cria efeitos particulares para chamar a atenção, além do processo artístico que a envolve.

Fotografia amadora

Shutterstock

Fotografia de família no café da manhã.

É o registro espontâneo de momentos do cotidiano, geralmente carregados de significado e emoção. Algumas pessoas gostam de tirar fotos de amigos ou de eventos sociais; outras preferem registrar a família e suas comemorações; outras, ainda, preferem registrar a natureza.

Hoje, com a facilidade dos recursos eletrônicos e da internet, os registros fotográficos amadores e sua veiculação ficaram muito mais acessíveis entre os grupos sociais.

Mario Andrioli/Shutterstock

Parque Tanguá, em Curitiba, PR.

Selfie, o que é e como fazer?

Selfie é uma fotografia que alguém tira de si mesmo, em geral com a câmera de um aparelho celular. A palavra vem do termo de origem inglesa *self-portrait*, cuja tradução é "autorretrato".

Para fazer uma *selfie*, é preciso estar atento a alguns detalhes.

a) **Iluminação**
Uma boa *selfie* requer boa iluminação. A luz natural é ideal para conseguir uma boa foto. Evite os *flashes*! Por se tratar de uma foto muito próxima do rosto, o *flash* pode ser prejudicial.

b) **Fundo**
Não adianta conseguir o enquadramento perfeito para a *selfie* se o fundo não for favorável. Preste atenção ao que está atrás da imagem – isso vale para qualquer foto. Escolha paredes lisas para retratos tradicionais; mas, se a foto for ao ar livre, opte por um fundo com vegetação.

c) **Cuidado com os espelhos**
Evite tirar fotos olhando para o espelho, pois é comum resultar em reflexo de luz e objetos não esperados na foto.

d) **Descontração é a chave**
Sorriso aberto, meio-sorriso, caras e bocas engraçadas podem fazer sucesso e ganhar curtidas nas redes sociais. Invista em poses descontraídas; mostre naturalidade na hora de tirar a foto.

e) **Se for publicar, confira a foto antes!**
Aparelhos celulares permitem que você veja e edite as fotos antes da publicação. Existem aplicativos interessantes para isso, que ajudam no trabalho de edição de imagens, além de inúmeros filtros.

Miljan Zivkovic/Shutterstock

DavideAngelini/Shutterstock

LIGANDO COM

ENTREVISTA COM FOTÓGRAFO PROFISSIONAL

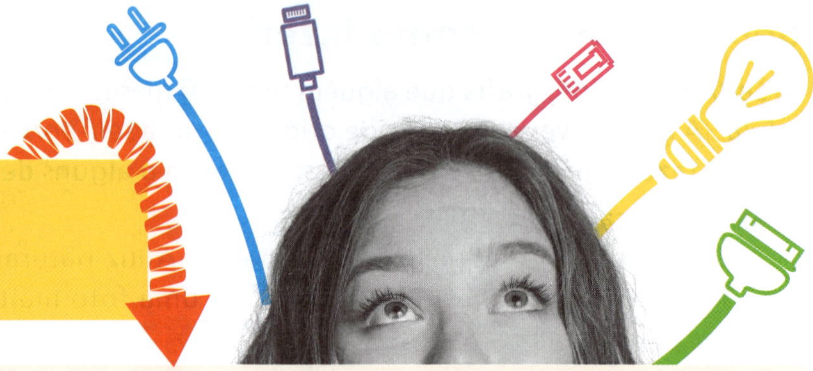

O que é necessário para fotografar? Basta uma câmera, um bom enquadramento, uma boa iluminação, bater a foto e pronto?

Por trás do clique da câmera – um simples gesto que dura uma fração de segundo – há muita teoria e experiência. E não podemos nos esquecer dos anos de prática dedicados a projetos pessoais e de definição do próprio estilo – essa é a profissão do fotógrafo.

O fotógrafo profissional conhece as várias tecnologias digitais de tratamento e manipulação de imagens e mantém-se constantemente atualizado.

A maioria dos fotógrafos profissionais trabalha com câmeras digitais, mas é bom conhecer e ter domínio também de equipamentos analógicos, além de conhecer as técnicas de revelação, ampliação e tratamento de filmes convencionais.

O fotógrafo profissional costuma se especializar em alguma área de interesse. Pode atuar em jornais, revistas, *sites*, emissoras de TV, cinema, agências de publicidade ou trabalhar como autônomo.

> **Analógico:** refere-se a equipamentos que utilizam filmes na captura da imagem.
>
> **Autônomo:** sem vínculo empregatício; que trabalha por conta própria.

Leia a seguir, uma entrevista com o fotógrafo profissional Claudio Cesar Cardoso, nascido em Tatuí, no interior de São Paulo. Ele cursou a Faculdade Belas Artes de São Paulo e depois Fotografia profissional, no Senac.

Mary Yuque

AeH: Quando você soube que a fotografia seria sua profissão?

Claudio: Quando tinha 13 anos, já falava com minha mãe sobre ser fotógrafo profissional.

AeH: Que materiais são necessários para iniciar um curso de fotografia?

Claudio: Para iniciar o curso, uma boa máquina e um jogo de lentes são suficientes; durante o curso, é necessário a compra de outros equipamentos.

AeH: O mercado da fotografia é muito concorrido?

Claudio: Hoje é concorrido ao extremo; tem muita gente que não é profissional se achando fotógrafo.

AeH: Quais as maiores dificuldades para um fotógrafo em início de carreira?

Claudio: Depois de investir em cursos e *workshops*, é preciso investir em um equipamento de qualidade, então se arriscar, começar fazendo eventos de família, amigos, e com determinação as coisas vão acontecendo. É preciso escolher o segmento em que pretende atuar, como fotógrafo de família, de moda, de eventos sociais ou de *pets*, além, claro, da arte da fotografia, para participar de exposições e concursos.

AeH: Qual é o perfil necessário para um fotógrafo?

Claudio: O fotógrafo tem que ser dinâmico, não pode ser tímido. Precisa de olhar atento e observador.

AeH: Quais áreas da fotografia você considera mais promissoras atualmente?

Claudio: Eventos em geral sempre precisam de um fotógrafo; os eventos corporativos são um bom mercado para se estabelecer financeiramente. O Instagram também deve ser olhado com atenção, além de *books* e fotojornalismo.

AeH: Com sua experiência, que conselho daria para quem pensa em seguir essa carreira?

Claudio: A prática e o amor pela fotografia são um bom caminho! Use o celular como ferramenta para educar o olhar – trata-se de excelente recurso para começar; quando sentir segurança, guarde o celular, pegue a máquina fotográfica e fotografe... fotografe... e fotografe!

Claudio Cesar Cardoso

Píer dos dutos de petróleo da Petrobras, foto em negativo, São Sebastião (SP), julho de 1983 (400 asa P/B – Nikon F2).

Claudio Cesar Cardoso

Stock Car 2018, autódromo de Interlagos, São Paulo (SP), dezembro de 2018 (Nikon D300, lente 600mm).

FICHA

Na pasta que acompanha este livro, você encontra as fichas para desenvolver as atividades propostas.

• FICHA 27

Fotografias e seus filtros

ATIVIDADE: Fotografe edifícios, paisagens, flores, frutas, enfim, escolha seus temas. Se as fotos forem de lugares, identifique-as.

Depois de tirar as fotos, escolha as melhores de cada tema e aplique filtros de programas próprios para esse fim. Mas um deles é obrigatório: o filtro que deixa a foto em branco e preto. Em seguida, compare os resultados. As imagens devem ser salvas e socializadas com a turma em equipamento multimídia.

Observação: as fotos podem ser tiradas com câmeras digitais ou com um *smartphone*. **Sugestão de aplicativos de filtro para *smartphones*:** PhotoFunia, Photomania, Artisto.

Observe na ficha exemplos de uma fotografia tirada com uma câmera de celular. A primeira é a foto original; na sequência, foram aplicados filtros no aplicativo Artisto.

MATERIAL: câmera digital ou *smartphone*.

• FICHA 28

A arte de fotografar

ATIVIDADE: Escolha entre os gêneros fotojornalístico, publicitário, culinário ou comercial e tire algumas fotos. Se achar necessário, trabalhe as fotos com filtros, para melhorar a qualidade ou dar ênfase ao que deseja. Imprima uma das fotos selecionadas (em tamanho 15 cm × 20 cm) e cole-a sobre o fundo preto da ficha, deixando um contorno de 5 cm. Em uma tira de papel de 15 cm × 3 cm, escreva um pequeno texto de identificação: nome do autor (seu nome), tamanho da foto, câmera usada e se foi utilizado algum filtro. O ideal é que esse texto seja impresso e colado na parte inferior do fundo preto da ficha. Com os colegas, organize uma exposição com as fotos de toda a turma.

MATERIAL: câmera fotográfica digital ou de *smartphone* e foto impressa.

TEMA 15

Teatro de fantoches – uma forma divertida de fazer teatro

Observe a imagem a seguir.

New Africa/Shutterstock

Teatro de fantoches.

O teatro de fantoches, ou de bonecos, é uma das linguagens teatrais. É a forma mais antiga de fazer teatro, utilizada há milênios no Oriente e no Ocidente, como modo de expressão artística. O teatro de fantoches, com seu jeito divertido, desperta até hoje o interesse de todos, adultos e crianças.

Estudos apontam que na Pré-história os homens já se divertiam com as sombras do próprio corpo projetadas nas paredes das cavernas ao se movimentarem. As mães entretinham os filhos movimentando os dedos das mãos, pintados, criando personagens.

Gregos, romanos e egípcios encenavam peças com bonecos articulados apenas para diversão ou com conotação religiosa e até mesmo política.

Os diferentes tipos de boneco no teatro

Vários tipos de boneco podem se tornar personagens de teatro, entre eles marionetes, fantoches de mão, fantoches de dedo (ou dedoches), fantoches de vara e o teatro de sombras, que vamos conhecer melhor no próximo volume.

As marionetes

As marionetes são bonecos articulados por fios. Surgiram há milhares de anos e fizeram parte da expressão artística de quase todas as civilizações. No Brasil, começaram a aparecer no século XVI.

Fios prendem as pernas e os braços dos bonecos, os quais são controlados por cima, por um manipulador. O movimento acontece por meio de oscilações da cruzeta de controle, peça na qual os fios são amarrados. O manipulador sabe qual movimento fazer para mexer as pernas, os braços e a cabeça do boneco. Uma marionete pode ter até nove fios presos no corpo e na cruzeta.

AVN Photo Lab/Shutterstock

Pessoa manipulando marionete.

Um boneco de marionete bastante conhecido é o personagem Pinóquio, entalhado na madeira por Gepeto e famoso pela história de ter o sonho de se tornar um menino de verdade.

Scc.comics/Shutterstock

Gepeto e Pinóquio.

Os fantoches de mão

Os fantoches são bonecos que têm o corpo vazio para que o manipulador encaixe a mão por dentro e dê vida ao personagem. Em geral, o boneco só é visto da cintura para cima e não têm pernas, com algumas exceções.

A cabeça dos fantoches pode ser feita de papel machê, isopor ou borracha. O corpo, os braços e as mãos normalmente são feitos de tecido. Os artistas que manipulam os bonecos procuram ficar escondidos durante a encenação usando uma tapadeira.

Anne Richard/Shutterstock

Apresentação de teatro de fantoches.

Peter Hermes Furian/Shutterstock

Tipo de tapadeira que pode ser usado durante as apresentações.

No Nordeste brasileiro, sobretudo em Pernambuco, os mamulengos são fantoches famosos e tradicionais.

Paula Montenegro Stock/Shutterstock

Mamulengos de Olinda, PE.

Os fantoches de vara

Os fantoches de vara, ao contrário das marionetes, são manipulados por baixo, por meio de varetas coladas ao corpo do boneco que vão, muitas vezes, até a cabeça. Podem ser feitos de diferentes materiais, sendo o mais comum o tecido, com a cabeça de espuma. Podem ser utilizadas até quatro varas, manipuladas por mais de uma pessoa.

Bonecos de vara mais simples podem ser feitos até mesmo de papel.

Dhodi Syailendra/Shutterstock

Fantoches de vara.

Yuganov Konstantin/Shutterstock

Fantoches de vara feitos de papel.

Os fantoches de dedo ou dedoches

Os fantoches de dedo, também conhecidos como dedoches, são bonecos bem pequenos, que cabem em um dedo. Normalmente, são feitos de tecido, de feltro ou de algum material alternativo, como papel.

LukaKikina/Shutterstock

Krotnakro/Shutterstock

Dedoches.

Características do teatro de fantoches

No teatro de fantoches, as apresentações são semelhantes às do teatro ao vivo. No primeiro, porém, é necessário mais cuidado com o cenário: por ocupar menos espaço, ele requer mais detalhes. Em relação à fala, como não há a expressão facial do ator, a fala precisa ser mais emocional, com diferentes entoações de voz. A sonoplastia e a iluminação também são muito importantes, pois enriquecem ainda mais a apresentação.

LIGANDO COM

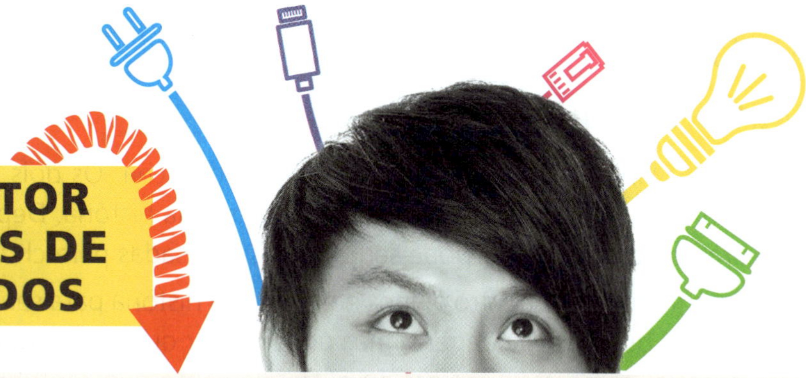

MARIONETISTA, ATOR ESCONDIDO ATRÁS DE BONECOS ANIMADOS

O nome dado à pessoa que manipula marionetes, também conhecidas como fantoches, é marionetista. Trata-se de um artista que usa o corpo e a voz para dar vida aos bonecos. Com grande destreza física e imaginação, o marionetista traduz os movimentos do próprio corpo e sua fala nos movimentos e nas falas dos bonecos.

O marionetista é ator, mímico, palhaço, malabarista e, muitas vezes, até mágico infantil. Empenha-se em dar alma ao boneco, interpretando personagens ora dramáticos, ora engraçados, ora masculinos, ora femininos, além de imitar animais, reproduzir sons de chuva, de trovão e do que for necessário para que a apresentação seja o mais interessante possível, criando uma conversa contínua entre boneco e público, utilizando linguagem simples, repleta de expressões idiomáticas e, às vezes, até com erros de pronúncia típicos para animar os personagens.

Na maioria das vezes, o marionetista produz o boneco e monta o cenário, dando vida à marionete e fazendo o público, de todas as idades, assistir às histórias fantásticas e se divertir com elas.

Irga-igra/Shutterstock

Leia, assista, ouça, acesse, visite!

Acesse

Teatro de mamulengo. Disponível em: https://www.youtube.com/watch?v=HPolshRMNWQ. Acesso em: 28 jan. 2025.

Na pasta que acompanha este livro, você encontra as fichas para desenvolver as atividades propostas.

• FICHA 29

Teatro de vara

ATIVIDADE: Pinte os personagens desenhados na ficha. Os dois desenhos inacabados em azul-claro são para que você crie outros personagens para sua história. Depois de coloridos, fixe uma vareta de madeira na parte de trás – pode ser uma dessas usadas para churrasco.

Formem grupos de quatro alunos e criem uma história para ser encenada com os fantoches de vara. Na ficha, há quatro personagens, mas podem criar quantos mais acharem necessário, incluindo peças para cenário, como carro, árvore ou outro elemento que contribuir para sua encenação.

O teatro de vara, para ser encenado, precisa de uma tapadeira, que pode ser feita com caixa de papelão e decorada com papéis coloridos, tinta ou tecidos. Na subseção **Os fantoches de mão** há imagens de um modelo de tapadeira.

MATERIAL: lápis de cor, caneta hidrocor, tesoura com pontas arredondadas, fita adesiva e vareta de madeira.

Acervo das autoras

• FICHA 30

Fantoche de meia

ATIVIDADE: Siga as etapas para fazer um fantoche de meia.

1. Corte três vezes o molde rosa-choque da ficha – uma vez o da ficha e duas vezes em um papelão fino, desses de caixa de embalagem.
2. Corte na costura a ponta de um pé de meia – só não pode ser uma meia muito curta.

3. Depois de recortado o molde rosa-choque, corte um pedaço de papelão de mesmo formato e encaixe-o por dentro da meia, formando a boca do fantoche. (Use cola líquida ou cola quente, com a supervisão de um adulto.)

4. Cole o outro molde de papelão fino por cima para dar acabamento. Finalize colando o molde rosa que forma a boca do fantoche.

5. Com caneta preta permanente, faça duas bolinhas pretas nas bolinhas de isopor, formando os olhos. Aqui, a sugestão são bolinhas de isopor, mas você pode usar tampinhas de garrafa PET ou o que achar mais interessante para fazer os olhos de seu fantoche.

6. Pegue alguns fios de lã, de aproximadamente 25 cm, e amarre-os ao meio para formar os cabelos. Outra sugestão para os cabelos são tiras de retalho de tecido. Cole os cabelos atrás dos olhos.

7. Para o nariz, faça uma bolinha, que pode ser de papel ou de plástico, e cole bem junto aos olhos. O nariz do modelo foi feito com uma bexiga cor-de-rosa cheia de papel.

8. Se quiser, coloque algum detalhe no corpo, como um laço ou uma gravata.

Use a criatividade para criar seu fantoche. Você pode usar uma meia sua, já usada, ou combinar com algum colega de comprar um par e dividirem o custo, porque cada um vai usar um pé de meia.

MATERIAL: um pé de meia (só não pode ser uma meia muito curta), duas bolinhas de isopor, fios de lã, pedaço de papelão (pode ser uma tampa de caixa ou caixa de cereais), tesoura com pontas arredondadas, caneta preta permanente e cola líquida.

Jogos teatrais

Jogo de improvisação e ritmo corporal

Todos os jogadores deverão andar pelo espaço da sala de aula. Quando o professor bater palmas, todos deverão ficar imobilizados; então, ele lançará uma ideia, e todos deverão seguir as instruções. A certa altura, o professor baterá palmas novamente, e todos voltarão a ficar imóveis, até que ele lance uma nova ideia.

O professor fará interrupções frequentes, e os participantes deverão seguir as propostas de forma rápida e construtiva. Tudo é válido, exceto se machucar!

Imitando fantoches

Em duplas, um aluno será o marionetista, e o outro, a marionete.

Imaginando que fios estão presos ao colega (marionete) nos pulsos, nos tornozelos e na cabeça, o marionetista, de frente para o "boneco", fará movimentos levantando e abaixando os fios, e a marionete deverá se mover de acordo com o comando do marionetista. Após algum tempo, os alunos deverão inverter os papéis. (Os bonecos poderão usar máscaras ou outros acessórios.)

É interessante que alguém filme a atividade, para que possa ser vista posteriormente, pois com certeza renderá boas risadas.

TEMA 16

Arte – reciclagem e reutilização

Observe a imagem a seguir.

Otávio Teixeira

Cada vez mais as pessoas buscam reaproveitar sobras de materiais para criar novos objetos. Entre a busca e a produção, são criados desde pequenos objetos caseiros até móveis e materiais para a construção civil, como telhas feitas de *tetra pak*.

Jeanne (2017), de Guilherme Magri Guterres. Releitura de obra pictórica de Amedeo Modigliani, 56 cm × 72 cm. Técnicas de *patchwork*, *quilt* livre, *trapunto apliqué* e bordado à máquina. Material: resíduos de tecidos de algodão, linhas de poliéster e lã sintética.

Quilt: o mesmo que acolchoamento.

Trapunto: tipo de bordado (à máquina) que cria alto-relevo.

Reutilizar e reciclar são a mesma coisa?

Reutilização e reciclagem são termos usados com muita frequência para indicar a mesma ação, mas são conceitos distintos. Tanto um como o outro dizem respeito à gestão de resíduos ecossustentáveis, que minimiza o uso de aterros e a incineração, porém as ações são diferentes.

De acordo com o *Dicionário Houaiss* on-line *da Língua Portuguesa*, reúso significa "ato ou efeito de reusar; novo uso, reutilização". Em outras palavras, quer dizer reutilizar o mesmo objeto, que ainda não se tornou resíduo, para o mesmo propósito para o qual foi utilizado antes.

Já reciclagem, também segundo o *Dicionário Houaiss* on-line *da Língua Portuguesa*, significa "recuperação da parte reutilizável dos dejetos do sistema de produção ou de consumo, para reintroduzi-los no ciclo de produção de que provêm", com o objetivo de recriar o mesmo produto ou produtos diferentes.

nik_nadal/Shutterstock

Reutilização e reciclagem são, muitas vezes, acompanhadas do adjetivo "criativo", que lhes confere conotação ainda mais particular. Nesse caso, toda nossa imaginação entra em jogo para dar nova vida a objetos que consideramos resíduos. Assim, de um rolo de papel higiênico pode nascer um boneco. E de uma lata de creme de leite pode surgir um porta-lápis.

E o que tudo isso tem a ver com arte?

Hoje, muitos resíduos têm sido utilizados para produzir objetos que são verdadeiras obras de arte. Artesãos conseguem transformar resíduos em produtos lindos, como bijuterias, bolsas, almofadas, embalagens, objetos para decoração, entre muitos outros.

No Brasil, por exemplo, a rede Asta, com sede no Rio de Janeiro, é uma organização social que atua na economia do "feito à mão", transformando artesãs em empreendedoras que transformam resíduos em inúmeros produtos.

Carbonero Stock/Shutterstock

Carrinhos feitos com rolo vazio de papel higiênico, tampas de garrafa PET e canudos plásticos.

Ronny 80/Shutterstock

Vasos de planta feitos de garrafa PET.

Milhares de objetos multicoloridos servem de matéria-prima para a artista britânica Jane Perkins.

Na coleção *Plastic classics*, Jane produz peças que recriam obras de arte clássicas e retratos de personalidades famosas. A artista usa em suas obras botões, peças de montar, conchas, colheres de plástico, prendedores de roupa, entre muitos outros objetos.

As imagens a seguir fazem parte de um projeto ambiental de reutilização de plástico (http://www.bluebowerbird.co.uk).

http://www.bluebowerbird.co.uk

Os girassóis, de Jane Perkins, inspirada na tela de Van Gogh, de mesmo nome. Colagem com objetos plásticos descartados.

http://www.bluebowerbird.co.uk

Mona Lisa, de Jane Perkins, reinterpretação de uma das mais famosas telas de Leonardo da Vinci, de mesmo nome, com técnicas de colagem têxtil e objetos plásticos.

Conhecendo Jane Perkins

Jane Perkins nasceu em Londres, Inglaterra em 1958. É uma artista plástica aficionada pela arte da reciclagem. Com base em objetos comuns, do cotidiano, ela recria belíssimas obras de artistas renomados, conferindo-lhes um toque pessoal. Antes de se dedicar totalmente à arte, Jane foi enfermeira em um hospital em Londres. Desde 2008, dedica-se exclusivamente à arte com reciclagem e expõe seu trabalho em inúmeras mostras.

LIGANDO COM

ENTREVISTA COM ARTISTA PLÁSTICO

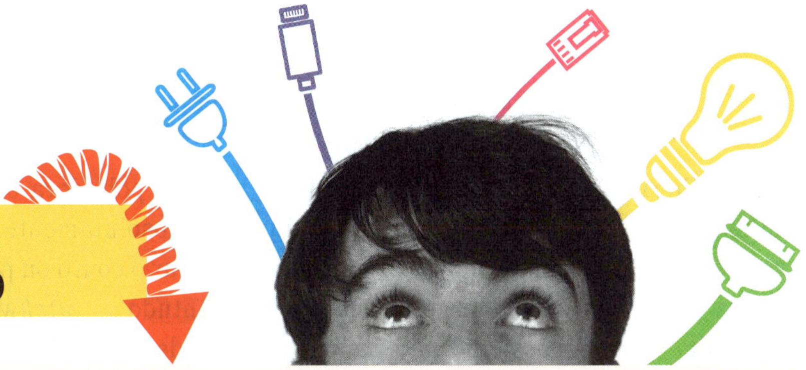

Vamos conhecer Guilherme Magri Guterres, artista plástico brasileiro que trabalha com reaproveitamento de tecidos.

Guilherme nasceu em 1988, em Porto Alegre no Rio Grande do Sul. Desde 2014, trabalha com arte têxtil e, em 2015, passou a fazer parte do coletivo de arte "Arteiros", que promove eventos culturais itinerantes na capital gaúcha. Em 2017, realizou a exposição individual *OLHAR: paisagens da alma* e teve uma obra selecionada para reprodução impressa para a exposição coletiva *Rios, reflexos de nós*, da ONG SOS Mata Atlântica.

Leia, agora, uma entrevista com o artista.

AeH: Quando você percebeu que o artesanato seria sua forma de expressão e de trabalho?

Guilherme: Desde a adolescência, a música e a poesia foram as maneiras usadas para nomear e descrever os pensamentos e as sensações perante o mundo e meu espírito. No entanto, apenas no artesanato encontrei uma maneira de mostrar às pessoas algo construtivo.

AeH: Quais materiais básicos você utiliza em suas produções?

Guilherme: Meu trabalho é desenvolvido com uma máquina de costura doméstica. Utilizo tecidos de todas as origens, predominantemente o algodão, reaproveitado de sobras industriais. Também uso tule, organza, lãs sintéticas e naturais, linhas de algodão mercerizadas (aquelas com as quais se faz crochê) e linhas próprias para bordado à máquina (poliéster). Muito do que uso desses materiais é reaproveitamento. Em alguns trabalhos, utilizo chás ou anilina para criar efeitos em tecidos. Como base para o *quilting* (bordado/acolchoado), utilizo manta acrílica e entretela/papel termocolante. Além desses materiais, não podem faltar ferro de passar, tesouras, réguas, alfinetes e carretilha (cortador circular).

Otávio Teixeira/Aka Guterres

Guilherme Magri Guterres.

AeH: Qual é a sua preocupação com a preservação do meio ambiente com o uso desse material? Faz uso de algum material de reutilização?

Guilherme: A indústria têxtil é, talvez, a maior poluidora do meio ambiente. Claro, pessoas do mundo todo usam roupas, então essa indústria é absolutamente necessária. Porém, os resíduos são muitos. Os componentes químicos usados para tratar o couro ou para clarear o algodão, além de muita sobra das confecções, poluem nosso planeta. Contudo, o *patchwork* se vale de retalhos de qualquer tamanho e abre a possibilidade para que a "vida" desses tecidos seja maior, ou seja, o que é lixo nas fábricas de roupas é matéria-prima para um artesão igual a mim.

AeH: O que você pretende mostrar às pessoas com seu trabalho?

Guilherme: Desejo encantá-las. Proporcionar-lhes um instante de beleza e evidenciar aquilo que valorizo.

AeH: Você acha que a carreira de artesão está crescendo em nosso país?

Guilherme: Acredito na valorização das atividades e nas produções do artesão. O "feito à mão" está em voga e tem sido aderido por muitas pessoas. Entretanto, a grande oferta e o mercado restrito levam a uma competição não saudável. Por isso, é necessário ser criativo, empenhado e buscar bons espaços, como feiras e lojas, que consideram o trabalho artesanal um valor agregado e diferencial.

Otávio Teixeira/Aka Guterres

A barqueira (2017), de Guilherme Magri Guterres. Técnica de *patchwork*, *quilt* livre, *trapunto apliqué* e bordado à máquina, 90 cm × 90 cm.

Na pasta que acompanha este livro, você encontra as fichas para desenvolver as atividades propostas.

• FICHA 31

Jogo de potes com material reciclado – confecção

ATIVIDADE: Na ficha, há as fotos do passo a passo para elaborar um jogo de potes feitos com material reciclado.

- Providencie, com antecedência, duas garrafas PET ou caixas *tetra pak* vazias e limpas. Corte as embalagens em alturas diferentes, uma mais alta e outra mais baixa (as das fotos medem 12 cm e 7 cm de altura).
- Corte pedaços de papel de revista com mais ou menos 2 cm.
- Prepare uma mistura de cola branca e água, em partes iguais, tomando o cuidado para não deixar muito líquido.
- Com o auxílio de um pincel, passe cola em uma parte da embalagem, cole os pedaços de papel e passe cola por cima. Faça isso em toda a embalagem, sempre repassando a cola por cima. Deixe secar e arremate a borda com material livre. No nosso exemplo, foram usadas sobras de fita.
- Os potes podem ser usados para colocar lápis, como cachepô, ou para o que você mais achar conveniente.

MATERIAL: duas garrafas PET ou embalagens vazias e limpas, tesoura com pontas arredondadas, cola líquida, revistas, pincel e material livre para acabamento.

• FICHA 32

Flor com o uso de garrafa PET – pintura

ATIVIDADE: Providencie uma garrafa PET pequena (250 mL), vazia e limpa. Em uma bandeja de isopor usada (reutilização), coloque tinta guache branca e vermelha. Faça uma mistura, criando alguns diferentes tons de rosa.

Na ficha, há um galho de árvore. Molhe o fundo da garrafa PET na tinta e carimbe ao redor do galho, criando uma composição. Nesse caso, a garrafa PET serve de pincel e pode ser usada várias vezes (reaproveitada). Você está dando um novo uso para um material que seria descartado!

MATERIAL: garrafa PET pequena (250 mL), vazia e limpa, bandeja de isopor usada, tinta guache branca e vermelha, pincel para misturar as tintas, recipiente para água e pano para limpeza.

Nesta atividade, sugerimos a cor vermelha, mas fique à vontade para usar outras cores.

Acervo das autoras

TEMA 17

A luz na obra de arte – o Impressionismo

Observe a pintura a seguir.

Musée Marmottan, Paris, França

Impressão, nascer do sol (1872), de Claude Monet. Óleo sobre tela, 48 cm × 63 cm.

Essa obra de Claude Monet registra a atmosfera luminosa do amanhecer no Porto de Le Havre, em Paris. Na tela, observam-se as nuances de cor do sol refletido na água, o movimento delas pela variação de cor, os barcos e a cidade ao longe envolta pela neblina da manhã.

A obra representou uma nova forma de retratar a paisagem, e seu nome acabou por indicar o movimento impressionista que surgia na época.

Impressionismo

Na segunda metade do século XIX, na França, a arte oficial era a acadêmica, por meio da qual se ensinava a pintar cenas históricas e retratos em estúdio. Em oposição a esse modo de fazer pintura, alguns artistas começaram a pintar ao ar livre, utilizando cavaletes portáteis e tintas a óleo em tubos. A pintura deixou de ser em estúdios para ser a observação da natureza.

Os protagonistas foram Claude Monet, Pierre-Auguste Renoir, Edgar Degas, Camille Pissarro e Alfred Sisley. Um crítico que visitou a primeira exposição em 1874 definiu com desprezo a arte apresentada ali, chamando os artistas de impressionistas, termo extraído da obra de Monet. Para esse crítico, a pintura era confusa e desordenada, diferente da acadêmica, que retratava a realidade com mais fidelidade possível.

A arte impressionista foi, desde séculos, a primeira revolução no campo artístico, contra as regras vigentes dos pintores tradicionais.

Os impressionistas observavam, encantados, o alvorecer e o pôr do sol, os campos, os rios, as florestas e pintavam tudo o que viam ao redor: cenas de rua, trabalhadores, camponeses, jogadores, mulheres, estradas, muros, árvores – obviamente, tudo que achavam "belo". Observavam os matizes da natureza e passavam tudo para a tela. Descobriram que o azul e o vermelho, justapostos, produziam um roxo mais brilhante que qualquer tinta roxa fabricada na palheta.

Os artistas abandonaram a pintura acadêmica e, em vez de cores puras, adotaram o contraste das cores complementares.

Era importante transportar para as telas as mutações da luz.

Para registrar esse fenômeno, as cores eram colocadas nas telas como manchas, que, observadas a certa distância, sugeriam movimentos e vibrações da atmosfera.

As linhas de contorno foram praticamente abolidas; as cores puras e a luminosidade tornaram-se os novos protagonistas dessas pinturas.

Os impressionistas perceberam que poderiam capturar melhor as qualidades transitórias da luz solar trabalhando rapidamente ao ar livre, diante de seus modelos, em vez de no confinamento de um estúdio; por isso algumas obras parecem não estar finalizadas. As manchas representavam o que os artistas queriam mostrar.

Édouard Manet, o precursor

O ano de 1863 foi muito importante para a Idade Moderna, pois na galeria de arte de Paris foi exposta a coleção de Édouard Manet no Salon des Refusés (Salão dos Recusados). O artista teve suas obras recusadas no Salão Oficial, destinado aos artistas-membros da Real Academia Francesa de Pintura e Escultura. Em resposta aos fortes protestos dos artistas recusados, o imperador Napoleão III decidiu fazer uma exposição com essas obras, atraindo grande público, que visitou a mostra disposto a ridicularizar as obras dos recusados, entre eles Manet e Cézanne.

Com a obra ao lado, o pintor francês Édouard Manet escandalizou a sociedade do século XIX, ao mostrar uma garota nua ao lado de dois homens bem trajados, durante um piquenique.

Museu D'Orsay, Paris, França

Almoço na relva (1863), de Édouard Manet. Óleo sobre tela, 208 cm × 264 cm.

Representantes do Impressionismo

Museu D'Orsay, Paris, França

O balanço (1876), de Pierre-Auguste Renoir. Óleo sobre tela, 73 cm × 92 cm.

Pierre-Auguste Renoir

Na obra *O balanço*, a luz natural ilumina a jovem que está sobre o balanço conversando com um cavalheiro, característica que aproxima ainda mais as correntes impressionistas. Os tons de azul, verde, amarelo e alaranjado dominam o quadro, carregando seu conjunto de harmonia, alegria e felicidade, aplicadas de maneira rápida, com pinceladas carregadas, provavelmente, com curtos toques, particularidade que define o artista.

- Na obra de Renoir, observe as manchas na roupa do homem e da mulher. Isso ocorre porque eles estão embaixo de uma árvore. As manchas são reflexo dos raios de sol que passam através das folhas dessa árvore.

Camille Pissarro

O pintor francês Camille Pissarro recebeu influências tanto de Monet como de Cézanne. Foi um dos primeiros impressionistas a pintar com manchas de cores isoladas.

Museu das Belas Artes, Basileia, Suíça

Aldeia perto de Pontoise (1878), de Camille Pissarro. Óleo sobre tela, 54,6 cm × 65 cm.

Museu D'Orsay, Paris, França

Autorretrato (1873), de Camille Pissarro. Óleo sobre tela, 55,5 cm × 46 cm.

Oscar-Claude Monet

As obras *Ninfeias*, também chamadas *Nenúfares*, foram as últimas pinturas de Monet. O artista construiu um exuberante jardim aquático em sua propriedade e cultivou essas plantas importadas do Japão. Nas telas, Monet usou pinceladas cada vez mais fluidas, reduzidas a manchas de tons escuros, que se alegram no colorido das ninfeias.

Museu de Arte de Toledo, Ohio, EUA

Ninfeias (1922), de Claude Monet. Óleo sobre tela, 213 cm × 200 cm.

Museu de Arte de Los Angeles, EUA

Ninfeias (1897-1898), de Claude Monet. Óleo sobre tela, 66 cm × 104 cm.

Museu de l'Orangerie, Paris, França

Ninfeias (1924-1926), de Claude Monet. Óleo sobre tela, 600 cm × 219 cm.

- A luz tem total influência sobre as cores. Faça uma experiência: fotografe um objeto à luz do sol e, depois, fotografe o mesmo objeto em ambiente com luz artificial. Observe as duas fotos e compare as cores. Faça algumas experiências também com paisagens em diferentes horas do dia, como pela manhã, ao meio-dia e ao pôr do sol. Compare as imagens e veja como tudo muda de cor.

Neoimpressionista: relativo ao Neoimpressionismo, movimento surgido na França no fim do século XIX que buscava refinamento da maneira impressionista de pintar, compondo as cores com base em pontos de tinta.

Impressionismo no Brasil

Nos primeiros anos do século XX, alguns pintores brasileiros, com Eliseu Visconti à frente, criaram obras de acordo com a estética impressionista ou neoimpressionista.

A introdução desses estilos entre nós fez-se, portanto, tardiamente, em um momento em que na França já apareciam as primeiras pinturas fauvistas e cubistas. Mesmo assim, representou avanço considerável sobre o antiquado academicismo que então se praticava no país, sendo oportuno reproduzir as palavras que Gonzaga Duque menciona, por meio de um dos personagens, no romance *Mocidade morta*, de 1899: "– Enquanto, na Europa, se serve de uma técnica vigorosa, possui todos os segredos da refração da luz do prisma solar; todos os recursos da química, que lhe dão a transparência das tintas, a segurança dos valores, a límpida simplicidade dos tons, aqui continuamos nos arcaicos processos da pintura friccionada e raquítica, sem nervos, sem sangue, sem alma!".

Museus Castro Maya, Rio de Janeiro, RJ

Ninando no jardim (1916), de Eliseu Visconti. Óleo sobre tela, 65 cm × 81 cm.

Coleção particular

Moça no trigal (1913-1916), de Eliseu Visconti. Óleo sobre tela, 65 cm × 80 cm.

Por volta de 1914, no Brasil e em toda a América Latina, eram muitos os pintores que praticavam algum tipo de impressionismo, embora poucos tivessem noção adequada do estilo. Em contrapartida, ainda havia quem, naquele momento, encarasse como extremamente ousado esse tipo de pintura.

No Brasil, além de Eliseu Visconti, Rafael Frederico, Lucílio de Albuquerque, Carlos Oswald e alguns outros artistas foram representantes do Impressionismo.

LIGANDO COM

ARTE COMO EXPRESSÃO CULTURAL – A MODA

"O Impressionismo e a moda nasceram ao mesmo tempo", disse Guy Cogeval, ex-diretor do Museu D'Orsay. Quando o século XIX chegou ao fim, surgiram as primeiras revistas de moda, com artigos de importantes escritores. Havia uma sensação crescente de que a moda tinha um papel a desempenhar na cultura e na civilização. E a pintura impressionista, pautada nas cenas cotidianas de Paris, era o registro do estilo de roupas da época.

As principais luzes do nascente movimento impressionista capturaram cenas inesquecíveis: um grupo de homens de ternos pretos e cartolas apreendidos pela febre da bolsa de valores; mulheres elegantes em longos vestidos de cintura apertada preparando-se para se aventurar na sociedade; um casal sob um guarda-chuva passeando por uma avenida; um momento de descanso em um jardim sombrio; uma cena em um salão decorado.

A atenção cuidadosa aos detalhes da moda sustentaram a representação dos impressionistas. É quase possível sentir o peso do tecido e ouvir o farfalhar de seda dos vestidos. Os babados pacientemente passados na linha de um vestido de noite são tão elaborados que parecem reais. Nada escapou aos artistas, que terminavam seus cuidadosos contornos com efeitos sutis de iluminação.

Museu D'Orsay, Paris, França

Nana (1877), de Édouard Manet.
Óleo sobre tela, 264 cm × 115 cm.

Museu D'Orsay, Paris, França

Reunião da família (1867), de Frédéric Bazille.
Óleo sobre tela, 152 cm × 230 cm.

Metropolitan Museum of Art, Nova York, EUA

Madame Charpentier e suas filhas (1878), de Pierre-Auguste Renoir.
Óleo sobre tela, 153,7 cm × 190,2 cm.

FICHA

Na pasta que acompanha este livro, você encontra as fichas para desenvolver as atividades propostas.

• FICHAS 33 E 33A

Construindo um nenúfar – pintura, recorte e montagem

ATIVIDADE: Vamos fazer uma composição com um nenúfar em relevo. Na ficha, há quatro moldes para pintar: três pétalas e o miolo da flor. Depois de seca a pintura, recorte e monte o nenúfar como no exemplo, deixando as pétalas em relevo. Em seguida, pinte na ficha 33A o espaço que representa a água onde o nenúfar será colado. O nenúfar deve ser pintado com lápis aquarelável, assim como o espaço para colagem. Observe o passo a passo para montagem e capriche!

Veja no livro a foto do nenúfar original para escolher as cores.

MATERIAL: lápis de cor aquarelável, recipiente para água, pincel de pelo macio redondo nº 8, papel ou pano para limpeza, tesoura com pontas arredondadas e cola em bastão.

Acervo das autoras

• FICHA 34

Impressionismo – desenho e pintura

Já que *Impressão, nascer do sol*, de Monet, foi a obra que deu o nome a esse período tão importante da arte, chegou sua vez de criar uma obra.

ATIVIDADE: Faça um desenho explorando o uso das cores e da luz, assim como fizeram os artistas impressionistas. Imagine que sua obra daria o nome ao "impressionismo" de um novo movimento de jovens e inovadores artistas nos dias de hoje. Pinte seu desenho com técnica livre.

MATERIAL: lápis grafite, borracha, material de pintura livre.

TEMA 18

Dança – coreografia

Observe a imagem a seguir.

Lucky Business/Shutterstock

Jovens em coreografia de dança.

A arte de dançar faz parte da expressão corporal; nos ajuda a desenvolver aptidões e aumenta nossa dimensão cultural e estética.

Quando assistimos a uma apresentação de dança, sequência de movimentos é o que mais nos envolve, além da música e dos figurinos. Essa sequência de movimentos chama-se coreografia.

Museo di Roma

Danse champêtre dans les environs de Rome (1800-1825), de Françoise Pinelli. Estampa, 44,5 cm × 56 cm. Na imagem, as personagens dançam o saltarello, dança popular leve e alegre entre as cortes medievais e renascentistas italianas.

Virginia Historical Society, Lora Robins Collection of Virginia Art

Victory Ball, 1781 (c. 1929), de Jean-Léon Gérôme Ferris. Óleo sobre tela, 60,9 cm × 88,9 cm.

Lucky Business/Shutterstock

Jovens fazendo coreografia de *street dance*.

Coreografia

Podemos dizer que, na dança, coreografia é a "arte de compor e arranjar movimentos", acompanhando determinado ritmo. São passos, gestos, expressões que um ou mais dançarinos executam em uma dança.

O termo coreografia deriva do grego *choreia*, que quer dizer "dança", e *graphein*, que significa "escrever". Surgiu a partir do século XVI para indicar a escrita ou a notação da dança, ou melhor, um sistema de símbolos gráficos que representam os movimentos dos bailarinos.

No fim do século XVIII, o termo passou a ser utilizado com o significado atual de invenção da combinação de passos, movimentos e figuras que compõem uma dança.

A coreografia não é apenas um conjunto de passos, mas uma mistura de elementos que se entrelaçam harmoniosamente.

A fonte de inspiração para compor uma coreografia pode vir de um conceito, de uma emoção, de uma pintura, de um poema, de um livro, de algo da natureza, como o movimento das folhas ou das asas de um pássaro. Tudo pode virar coreografia; afinal, é assim que nasce o processo criativo.

Com o passar do tempo, as coreografias tornaram-se diferentes e algumas delas, famosas, como os passos do samba ou de uma dança de rua, por exemplo, que, muitas vezes, decorrem da preferência pessoal do coreógrafo, mas também das habilidades do próprio bailarino ou do número de pessoas que compõem o grupo de dança.

- Observe, na obra de arte, a postura do casal, as roupas, a decoração do espaço. Nela, o casal está fazendo um passo de dança.
- Você consegue imaginar qual seria a sequência desse passo de dança? Saberia dizer que tipo de música os personagens estão dançando?

A importância da música na coreografia

Há uma relação essencial entre a música e a dança. Ouvindo a música, sentindo-a, os passos de dança tornam-se fluentes.

A música fornece o impulso fundamental para a dança; o ritmo e a contagem são de importância primordial na montagem de uma coreografia. Em geral, a música define os passos, o figurino e o cenário de uma apresentação de dança.

No contexto da dança moderna, a música assume tom muito mais profundo que o simples acompanhamento sonoro; é o motor que alimenta o movimento e dá vida às emoções.

A música escolhida para uma apresentação de dança deve fornecer o ritmo e a estrutura básica aos bailarinos, de modo a garantir o desempenho coreográfico.

- Observe, nas imagens, uma dançarina de balé clássico e dois dançarinos de tango. A música que toca enquanto eles dançam é muito diferente, e isso faz que seus passos de dança sejam igualmente diferentes.
- Você consegue imaginar uma bailarina dançando ao som de um tango? Como seriam os passos dela, a coreografia?

Artur Didyk/Shutterstock

Jovem dançando balé clássico.

Tutti Frutti/Shutterstock

Casal dançando tango.

Shutterstock

LIGANDO COM

EXPLORANDO AS EMOÇÕES NA COREOGRAFIA – *O quebra-nozes*

O quebra-nozes é um balé clássico de fama internacional pelo fato de autores de diferentes países terem adaptado o conto original, uma vez que, à época, não havia acordos internacionais de direitos autorais. É um dos três balés do compositor russo Piotr Ilitch Tchaikovski.

O quebra-nozes foi estreado em 18 de dezembro de 1892, no Teatro Mariinsky, em São Petesburgo, capital da Rússia Imperial, e teve como base a versão de Alexandre Dumas do conto infantil de Ernst Theodor Amadeus Wilhelm Hoffmann, mais conhecido como E. T. A. Hoffman, escritor romântico, compositor, desenhista e jurista alemão. A adaptação de Dumas serviu de base para o balé russo de 1892, coreografado por Marius Petipa e Lev Ivanov, com música composta por Tchaikovsky. A apresentação completa do balé chegou à Inglaterra em 1934 e foi encenada pela primeira vez no Natal de 1944, nos Estados Unidos, pela companhia de Balé San Francisco, sucesso enorme no país, e, desde essa época, é encenado na temporada de festas. No Brasil, estreou em 1957, no Teatro João Caetano. O sucesso foi tão grande que, desde então, se acumulam representações pelo mundo todo.

Muita gente tem curiosidade em saber o porquê do nome *O quebra-nozes*. Associado ao Natal, o balé leva esse nome porque, na época natalina, as pessoas costumam usar nozes para preparar seus pratos, como no caso dos alemães, que preparam os tradicionais *stollen* (pães de frutas) e biscoitos, e os quebra-nozes são utilizados.

O quebra-nozes é mais que apenas um utensílio bonito. Seu simbolismo continua a ser compartilhado entre gerações e países graças ao conto de fadas que contribuiu para sua fama internacional – uma história universal de esperança e de triunfo do bem contra o mal.

Igor Bulgarin/Shutterstock

Apresentação de balé clássico *O quebra-nozes*, na Ucrânia.

O balé clássico *O quebra-nozes*

O balé se passa na casa de Clara, na noite de Natal, e conta as aventuras de um boneco quebra-nozes de aparência humana, vestido de soldado, com pernas e cabeça de tamanhos desiguais. Clara gostou do boneco e o pediu ao padrinho de presente de Natal.

O irmão de Clara, Fritz, que vira o funcionamento do quebra-nozes, também quis usá-lo, mas escolhera as nozes maiores que havia no cesto. Então, o quebra-nozes, sendo usado grosseiramente por Fritz, acabou tendo um dos braços quebrados.

Diante das reclamações da pobre Clara, o pai entrega à filha o quebra-nozes como propriedade exclusiva, e Fritz tem que sair para brincar com seus brinquedos. Em seguida, Clara pega no chão o braço do boneco quebra-nozes e o consola, abraçando-o, com a intenção de fazê-lo dormir, mas ela mesmo acaba pegando no sono. Clara, então, sonha que volta ao esconderijo onde colocara seu quebra-nozes, mas encontra o salão repleto de ratazanas enormes; a casa havia desaparecido, e no lugar em que ficavam os móveis havia árvores gigantescas.

Yagoda.M/Shutterstock

Contudo, não fora só isso que mudara: agora, o quebra-nozes de Clara é um soldado de carne e osso, que tem sob suas ordens um pelotão de soldados iguais a ele. Assim, tem início uma batalha entre as ratazanas e o pelotão do Quebra-Nozes. Jogando imensos sapatos nas ratazanas, os soldados vencem a batalha, e, com isso, o rei das ratazanas e seu exército fogem rapidamente.

O bosque transforma-se numa linda estufa de inverno, e o Quebra-Nozes transforma-se num lindo príncipe, que leva Clara até o Reino das Neves, onde a apresenta ao rei e à rainha. Em seguida, Clara e o príncipe Quebra-Nozes despedem-se e seguem para o Reino dos Doces, onde conhecem a fada açucarada, que apresenta o reino ao casal. Nesse meio-tempo, acontecem apresentações representando várias partes do mundo: chocolate da Espanha, café da Arábia, chá da China, bengala doce da Rússia, Mãe Gigone e os palhaços, dança das flautas e valsa das flores (algumas versões do balé apresentam a gota de orvalho). Por último, acontece o passo da fada açucarada e a dança dos flocos de neve.

Após essa epopeia tão mágica e fantástica, Clara acorda, percebe que tudo não passou de um sonho e fica triste por isso.

Leia, assista, ouça, acesse, visite!

Acesse

Balé *O Quebra-Nozes*. Disponível em: https://www.youtube.com/watch?v=5zKJhAED-6k. Acesso em: 30 jan. 2025.

Na pasta que acompanha este livro, você encontra as fichas para desenvolver as atividades propostas.

• FICHAS 35, 35A E 35B

Dança – *Kirigami* – pintura e montagem

ATIVIDADE: Monte um cartão em *kirigami* tendo a dança como temática.

- Recorte a figura do casal dançando (ficha 35) e os dois retângulos (fichas 35A e 35B). No retângulo branco, onde aparece um retângulo menor no centro (ficha 35A), pinte a parte que representa o chão com cores de livre escolha. Na parte de cima do cenário, use a criatividade e a imaginação para criar um cenário bem alegre e colorido, que combine com a música que você acha que o casal está dançando.
- Depois de pronta a pintura, dobre o retângulo ao meio na linha azul, e corte apenas os lados do retângulo central, nas linhas cheias, e dobre nas tracejadas. Desdobre e, então, faça com que a parte recortada salte para a frente, como se fosse um degrau. Dobre o retângulo novamente. Em seguida, dobre ao meio o retângulo azul (ficha 35B) e encaixe o retângulo que você pintou, colando um lado de cada vez. Abra e cole a figura do casal na frente do degrau.

MATERIAL: lápis de cor, caneta hidrocor, tesoura com pontas arredondadas e cola em bastão.

O que é *kirigami*

Kirigami, do japonês *kiru*, "recortar", e *kami*, "papel", é a arte tradicional japonesa de recortar o papel criando representações de objetos, flores e construções.

Diferentemente da técnica da dobradura, que não permite cortes nem cola, o *kirigami* é feito com dobras e cortes, e a simetria é um elemento muito importante – é essa particularidade que faz toda a diferença.

Além de esculturas tridimensionais, há outros exemplos de projetos de *kirigami* nos quais a simetria se faz presente.

No *kirigami* tridimensional, primeiro são feitos os cortes, depois o papel é dobrado, para, então, se obter efeito tridimensional. No bidimensional, primeiro são feitas as dobras, com os vincos acentuados, e depois o papel é cortado.

Além das aplicações artísticas, o *kirigami* também pode ser um passatempo divertido ou uma maneira de desenvolver a própria destreza, a engenhosidade e a criatividade, mesmo que para fazer um simples cartão.

Bidimensional: que apresenta duas dimensões (altura e largura).

Destreza: habilidade, agilidade.

Tridimensional: que apresenta três dimensões (altura, largura e profundidade).

Como confeccionar um *kirigami* com bom resultado

Antes de iniciar a atividade, lave as mãos para não sujar o trabalho. Depois, siga o passo a passo à risca.

- Não tenha pressa para concluir o trabalho. Paciência é algo muito importante para fazer um bom *kirigami*, principalmente se essa for a primeira vez.
- Acentue os vincos das dobras, passando as unhas sobre eles.
- É importante ter à mão uma boa tesoura, com pontas arredondadas.
- Pratique mais vezes as atividades, porque só assim seu trabalho será aperfeiçoado.

• FICHA 36

Criando uma coreografia

ATIVIDADE: Com o professor, formem grupos e escolham uma música para montar uma coreografia. Em data previamente marcada, cada grupo fará sua apresentação para a turma.

- Use a ficha para fazer os registros das sugestões de música, figurino, cenário e adereços.
- Por fim, escreva um breve relato de sua experiência com a dança e, se possível, cole uma foto do seu grupo.

Como montar uma coreografia

1. Estudem a música. Depois de escolherem a música que pretendem dançar, escutem-na várias vezes, até conhecerem bem o ritmo.
2. Criem os movimentos. Com base no ritmo da música, criem os movimentos que querem dançar e, se necessário, escrevam-nos para que todos possam ensaiar, mesmo quando estiverem sozinhos. Contem a história da música por meio de movimentos.
3. Criem o figurino. As roupas dos dançarinos devem proporcionar conforto para os movimentos e estar de acordo com o tema da música.
4. Criem um nome para o grupo. O grupo de dança pode ter um nome, e, com isso, podem ser feitos cartazes para o dia da apresentação.
5. Cenário, iluminação e sonoplastia. Pensem em um cenário e elaborem-no; não precisa ser nada sofisticado, mas deve combinar com a música. Podem ser utilizados balões coloridos, tiras de papel penduradas, algumas caixas espalhadas, enfim, usem a criatividade. A Iluminação pode fazer parte da coreografia; acender e apagar luzes ou usar luzes coloridas podem enriquecer a apresentação. O aluno responsável pela sonoplastia, que é aquele que vai colocar a música no momento certo, deverá estar sincronizado com o grupo.
6. Ensaiem. O ensaio é importante para que todos aprendam a sequência de passos e para criar vínculo entre os participantes.
7. Organização. Procurem organizar tudo para o dia da apresentação; façam uma lista dos itens necessários e verifiquem um a um, para o que tudo corra bem.
8. Não se esqueçam de compartilhar tudo com o professor; ele deverá estar a par de tudo o que acontece.

TEMA 19

Candido Portinari – um pintor expressionista

Observe a pintura a seguir.

Meninos no balanço (1960), de Candido Portinari. Óleo sobre tela, 61 cm × 49 cm.

Candido Portinari é um dos mais importantes artistas plásticos brasileiros. Para compor suas obras, inspirou-se em temas históricos, sociais e religiosos – retratos da infância, do trabalho no campo e nas cidades, do folclore, do povo e da alma brasileiros.

A obra de abertura deste tema, *Meninos no balanço*, é um exemplo de retratos da infância, algo muito explorado pelo pintor em suas telas.

> "Sabem por que eu pinto tanto menino em gangorra e balanço? Para botá-los no ar, feito anjos."
>
> Candido Portinari

A trajetória de Candido Portinari

Candido Portinari nasceu em 29 de dezembro de 1903, em Brodowski, cidade do interior do estado de São Paulo. Frequentou a escola primária, mas sempre manifestou grande vocação para as artes. Aos 9 anos, trabalhou como ajudante na pintura da decoração de uma igreja da cidade, pintando nela várias estrelas no céu. Aos 14, participou da restauração dessa igreja. Aos 15, foi para a Escola Nacional de Belas Artes, no Rio de Janeiro, em busca de aprendizado de mais qualidade. Aos 25, ganhou uma viagem a Paris. Longe de casa, sentia saudade do país natal e da família; então, em 1931, resolveu voltar ao Brasil, trazendo grande bagagem de aprendizado. Nesse retorno, começou a retratar em suas telas o povo brasileiro, incluindo a técnica aprendida em Paris, porém impondo a elas sua personalidade e seu estilo.

Em 1935, retratou na tela *Café* uma cena da tradicional colheita do café brasileiro, típica de sua região, e ganhou menção honrosa na Exposição Internacional do Instituto Carnegie de Pittsburgh, nos Estados Unidos. Nessa obra, os pés e as mãos grandes, desproporcionais em relação ao restante do corpo, representam a força do trabalhador brasileiro.

Café (1925), de Candido Portinari. Óleo sobre tela, 130 cm × 195 cm.

Entre 1936 e 1944, Portinari pintou murais e afrescos. Esse tipo de trabalho representou um marco em sua carreira, uma vez que a temática social passou a ser o grande tema de suas obras. A preocupação com a cultura brasileira ficou registrada em seus trabalhos. É possível ver uma de suas grandes marcas na obra *Retirantes*, na qual retrata uma família de retirantes em busca de melhores condições de vida.

Além de retratar a dura realidade do povo brasileiro em seus trabalhos, Portinari buscou incorporar a eles temas relacionados aos sonhos e às brincadeiras de criança, como *Meninos no balanço*, tela de abertura deste tema, entre outras.

Em 1941, pintou quatro grandes murais sobre a história latino-americana na Fundação Hispânica da Biblioteca do Congresso, em Washington, nos Estados Unidos.

Retirantes (1944), de Candido Portinari. Óleo sobre tela, 190 cm × 180 cm.

Inspirado no famoso quadro *Guernica*, de Pablo Picasso, em 1944, Portinari pintou uma série bíblica com oito painéis, influenciado pelo momento da Segunda Guerra Mundial (1939-1945).

A ressureição de Lázaro (1944), de Candido Portinari. Têmpera sobre tela, 150,5 cm × 301 cm.

Ainda em 1944, o arquiteto Oscar Niemeyer convidou Portinari para participar da decoração do conjunto arquitetônico da Pampulha, em Belo Horizonte, Minas Gerais.

Além das inúmeras composições, pintou a série *Meninos de Brodósqui*; foi candidato a deputado e senador; e, em 1946, foi a Paris realizar uma exposição na Galeria Charpentier e recebeu uma homenagem do governo francês. Em 1948, por motivos políticos, permaneceu por um período no Uruguai, onde pintou o painel *A primeira missa no Brasil*, encomendado por um banco do Rio de Janeiro.

Portinari ficou conhecido como muralista e pelas obras de grande porte e conteúdo político. Foi o único artista brasileiro a participar da exposição "50 anos de Arte Moderna", em Bruxelas. Na década de 1950, sua obra-prima *Guerra e paz*, com 14 metros de altura por 10 metros de largura, foi encomendada pelo governo brasileiro como um presente à sede da Organização das Nações Unidas (ONU) em Nova York.

Muralista: aquele que faz uso da técnica de murais.

Durante sua trajetória de vida, realizou várias exposições internacionais e, no Brasil, desenvolveu sólida carreira artística, sendo um dos grandes nomes da arte brasileira tanto aqui como no exterior.

Portinari faleceu aos 59 anos, por intoxicação das tintas que utilizava em suas obras.

Na pasta que acompanha este livro, você encontra as fichas para desenvolver as atividades propostas.

• FICHA 37

Aplicando textura em obra de Candido Portinari

ATIVIDADE: Na ficha, há o desenho da obra de Portinari, *Meninos brincando*. Pinte-o e aplique textura gráfica nos espaços usando lápis de cor e caneta hidrocor. O desenho da ficha foi dividido em quadros, para facilitar a aplicação de diferentes texturas.

MATERIAL: lápis de cor e caneta hidrocor.

Museu da Infância/Unesc

Meninos brincando (1955), de Candido Portinari. Óleo sobre tela, 60 cm × 72,5 cm.

• FICHA 38

Painel de azulejos – Candido Portinari – pintura

ATIVIDADE: Observe o painel de azulejos pintado por Candido Portinari e depois colocados na parede da Igreja de São Francisco de Assis, na Pampulha, em Belo Horizonte, Minas Gerais.

Painel de azulejos de Candido Portinari na Igreja de São Francisco de Assis, Pampulha, Belo Horizonte, MG.

IEPHA – Instituto Estadual do Patrimônio Histórico e Artístico de Minas Gerais

Na ficha, há dois "azulejos" desenhados, com um dos motivos que Portinari usou: pássaros. Pinte os azulejos com tinta guache. Use apenas as cores azul e branca, criando tons diferentes. Para isso, observe o detalhe da obra. Repare que em alguns azulejos o fundo é mais escuro, e o pássaro, mais claro, e vice-versa. Depois de secos, recorte-os e cole-os em papel-cartão de 13 cm × 13 cm e cole por cima papel *contact* transparente para impermeabilizar os azulejos.

Detalhe dos azulejos.

IEPHA – Instituto Estadual do Patrimônio Histórico e Artístico de Minas Gerais, direito de reprodução gentilmente cedido por João Candido Portinari

MATERIAL: Tinta guache nas cores azul e branco, pote para água, pincel redondo nº 4 e nº 8, papel para limpeza, tesoura com pontas arredondadas, cola em bastão, papel-cartão de 13 cm × 13 cm e papel *contact* transparente.

TEMA 20

Pintura com tinta acrílica

Observe a imagem a seguir.

Melchi Rodrigues

Floral vibrante (2024), de Melchi Rodrigues.
Acrílica sobre tela, 30 cm × 40 cm.

Embora seja um dos produtos mais populares nas prateleiras de lojas de arte, as tintas acrílicas têm, na realidade, curta história no mundo da arte. Em relação a outros meios de pintura, como o óleo e a aquarela, que existem há séculos, os acrílicos só têm uso popular desde meados do século XX.

A tinta acrílica é de secagem rápida, feita de pigmento à base de polímero acrílico. Os acrílicos são solúveis em água, mas quando secos se tornam resistentes a ela. Foram desenvolvidos pela primeira vez em 1934, começaram a ser usados na década de 1940 e tornaram-se mais popularizados por artistas na década de 1960.

As tintas acrílicas ajudaram a abrir um mundo totalmente novo para os artistas. Podem ser utilizadas para criar efeitos finos, semelhantes aos das tintas à base de óleo, porém com secagem bem mais rápida, tendo em vista que uma pintura com tinta a óleo tem sua superfície seca em torno de 7 a 10 dias, mas só pode ser considerada totalmente seca em torno de 6 meses.

As tintas acrílicas apresentam consistência mais fluida, com grande gama de cores, e pode ser encontrada também em forma de *spray* e em canetas marca-texto.

Como as tintas acrílicas secam mais rápido que outros tipos de tinta, é preciso trabalhar igualmente mais rápido com esse material. Esse é um grande benefício, mas também um desafio. No entanto, já existe no mercado um retardador de secagem, que pode ajudar para que se tenha mais tempo para dar alguns retoques.

Algumas dicas para usar a tinta acrílica

Oleksiy Mark/Shutterstock

1. **Encontre uma referência.** Antes de iniciar seu trabalho, procure uma imagem na internet ou mesmo em suas fotografias – isso facilitará seu desenho e a escolha das cores para a pintura.
2. **Utilize pinceladas largas.** Procure cobrir o fundo do trabalho usando um pincel mais largo, pois evita deixar marcas nas áreas maiores.
3. **Pincéis mais finos.** Devem ser usados para detalhes e pequenas áreas.
4. **Abuse da tinta.** Não economize na pintura, a tinta acrílica quando bem espalhada cobre a superfície, mas se quiser criar uma textura pode usar a tinta em uma quantidade maior até mesmo com o uso de uma espátula.
5. **Cores vibrantes.** Não tenha medo de criar contrastes; para tornar sua pintura interessante, experimente usar cores quentes, como vermelho, amarelo e laranja, próximo das cores frias, como azul, verde e roxo.
6. **Conserte os erros quando a tinta estiver seca.** Se alguma coisa não ficou do seu agrado, não se preocupe; após a secagem da tinta, você pode corrigir facilmente pintando por cima de algo que não ficou como você queria.
7. **Mantenha seu material limpo e organizado.** Ao iniciar a pintura, é bom que você tenha todos os pincéis limpos e disponíveis, panos e papéis para limpeza e dois potes com água (um para limpeza dos pincéis e outro, se necessário, para diluir um pouco a tinta). Durante o tempo em que estiver pintando, mantenha os pincéis dentro da água, para que a tinta não seque e você perca o pincel.
8. **Lugar para pintura.** Procure um lugar adequado onde você possa dispor todo seu material, com iluminação natural, e que você fique confortável; para isso, pode usar um cavalete ou pintar sobre uma bancada.
9. **Limpeza.** Quando terminar sua pintura, lave imediatamente os pincéis, porque, depois de seca, a tinta acrílica não pode ser removida; se as cerdas dos pincéis endurecerem, eles não servirão mais para pintura.
10. **Materiais de suporte.** Pratique a pintura em suportes diferentes, como MDF, Eucatex, papelão, além, é claro, das telas.

Gheorghe Casian/Shutterstock

Shafeei/Shutterstock

Tinta acrílica em *spray*, em canetas marca-texto e em bisnagas.

LIGANDO COM

ENTREVISTA COM ARTISTA PLÁSTICO PROFISSIONAL

Acervo das autoras

Melchi Rodrigues.

Melchi Rodrigues nasceu em 23 de janeiro de 1957, em Resplendor, Minas Gerais, e atualmente mora em Brasília; é um pintor que usa tinta acrílica em suas obras.

Vejamos agora uma entrevista com ele.

AeH: Quando e por que você decidiu pintar?

Melchi: Por achar que poderia preencher parte do meu tempo vago e conseguir ganhar algum dinheiro.

AeH: Você tem formação acadêmica em Arte ou fez cursos livres? Quais cursos?

Melchi: Fiz um curso livre de Belas-artes na Escola Guignard, em Belo Horizonte, em 1986.

AeH: O que mais atraiu você para se dedicar à pintura?

Melchi: Percebi que tinha vocação. A cada tela que pintava, percebia um crescimento. A opinião das pessoas também me fazia prosseguir para outros rumos da pintura.

AeH: Você faz da pintura sua profissão?

Melchi: Sou cineasta e tenho muito equipamento para produzir filmes. Na pandemia de covid-19, quando tudo parou, eu me recolhi em casa e pensei em voltar a pintar após trinta anos. Os anos de produção cinematográfica me aguçaram os sentidos de observação, fotografia, luz, sombra, perspectiva, composição e equilíbrio de elementos na cena. Apliquei todos esses conceitos nessa nova fase da pintura e vi que estava muito mais maduro que no início para seguir na pintura. Hoje, profissionalmente, eu me divido entre a produção de vídeos e a pintura.

Melchi Rodrigues

Raios de sol no bosque (2024), de Melchi Rodrigues. Acrílica sobre MDF, 42 cm × 28 cm.

AeH: Qual é o segredo do sucesso para ser um bom profissional na sua área?

Melchi: Se sucesso for a venda e a comercialização das pinturas, ainda não sou bem-sucedido, porque não sou muito conhecido, e a arte no Brasil tem pouco valor. Estou buscando nichos de mercado para vender meus quadros.

AeH: O que você mais gosta de fazer quando não está pintando?

Melchi: Ver séries e futebol na TV e cozinhar.

AeH: Que recado você gostaria de dar à nova geração que pretende estudar Arte?

Melchi: Que faça um bom teste vocacional e veja se há aptidão para essa área. Que se gradue em outra área, para a qual tenha vocação, e tenha a arte como atividade secundária. Não dá para viver de arte no Brasil com menos de quinze anos de prática, sem ser famoso no mundo das galerias, dos museus, das bienais, nem sem ter um *marchand* (empresário).

Melchi Rodrigues

Floral violeta (2024), de Melchi Rodrigues. Acrílica sobre tela, 30 cm × 40 cm.

Melchi Rodrigues

Ipê amarelo no caminho da fazenda (2024), de Melchi Rodrigues. Acrílica sobre MDF, 47 cm × 39 cm.

Na pasta que acompanha este livro, você encontra as fichas para desenvolver as atividades propostas.

• FICHA 39

Pintura em tela com tinta acrílica

ATIVIDADE: Na ficha, há as fotos do passo a passo para pintura de tela com tinta acrílica.

- Em uma bandeja de isopor, coloque as tintas – não todas, mas apenas aquelas que serão utilizadas de imediato; a tinta acrílica seca muito rápido, e as tintas poderão ser perdidas.
- Use pincéis chatos e largos, como os de nº 10 ou nº 12.
- Observe as imagens. A pintura deverá sempre ser iniciada pelo fundo, vindo de trás para a frente.
- Primeiro pinte o céu, depois as montanhas, em seguida o lago, depois o caminho e, por último, os arbustos e a árvore, como se fossem vários planos sobrepostos.
- Para fazer a árvore e os arbustos, use o pincel na vertical, dando batidinhas – não bata muitas vezes no mesmo lugar porque senão perde o efeito.
- Faça os detalhes finais usando pincel redondo nº 8 ou nº 10.

Esse desenho é uma sugestão. Você pode criar outro ou até se inspirar em alguma fotografia que tenha tirado.

MATERIAL: lápis grafite, tintas acrílicas de cores variadas, pincel chato nº 10 ou nº 12, pincel redondo nº 8 ou nº 10, uma tela (pode ser de 15 cm × 20 cm ou de 20 cm × 30 cm), bandeja de isopor descartável, pote para água, papel para limpeza, jornal para forrar a mesa de trabalho.

• FICHA 40

Pintura em tela com tinta acrílica - desenho

ATIVIDADE: Use o espaço da ficha para fazer um esboço do desenho que você vai fazer na tela ou cole imagens que servirão de modelo para sua pintura.

MATERIAL: lápis grafite, borracha, tesoura com pontas arredondadas e cola em bastão.

MATERIAIS E TÉCNICAS DE PINTURA

Para realizar as atividades de Arte, é necessário ter em mãos os materiais que serão utilizados. Vamos conhecê-los um pouco.

Apontador

O apontador é peça importante no dia a dia escolar. A lâmina deve ser de aço de boa qualidade para não quebrar a grafite.

Com o passar do tempo, é natural que o apontador perca o fio de corte. Nesse caso, é recomendável substituí-lo por outro.

Aquarela

A aquarela tem como base a água, e seus pigmentos são transferidos para a superfície em que foi aplicada – em geral, papel de gramatura mais elevada (mais grosso) – e se fixam por meio de aglutinantes, semelhantes a uma cola.

Para a aplicação da aquarela, utiliza-se pincel com pelos macios.

Esse tipo de pintura é uma técnica difícil e delicada, uma vez que o aquarelista deve trabalhar rápido, sem poder sobrepor a tinta para retoques.

As pinturas com aquarela são feitas, na maioria das vezes, em papel de fundo branco ou claro.

A aquarela é usada em desenhos de projetos arquitetônicos, em modelos feitos por estilistas, em desenhos artísticos e em todos os momentos em que se faz necessária certa transparência e leveza na pintura.

Em geral, não se usam o branco e o preto. As cores mais escuras ou mais claras surgem da maior ou menor quantidade de água no pincel.

Aquarela em pastilha

As aquarelas podem se apresentar em bisnaga ou em pastilha.

A aquarela em bisnaga é pastosa e encontrada em frascos de metal ou plástico. Para seu uso, é necessário um godê, onde se coloca uma pequena porção de tinta e, com o pincel levemente umedecido, usa-se a quantidade necessária.

A aquarela em pastilha é sólida e bem concentrada; é encontrada em estojos com várias cores.

É muito prático e fácil trabalhar com a aquarela em pastilha, porque já há tinta e godê no mesmo objeto, e toda a tinta disponível está ali. Antes de começar a pintar, pingue uma ou duas gotas de água em cada pastilha; assim, quando for usar a cor, ela já estará pronta.

Avental

Sugerimos o uso de avental para as aulas de Arte. Ele pode ser usado sobre o uniforme, evitando que este se manche.

Borracha

Existem borrachas mais duras e mais macias. Para as atividades artísticas, recomendamos as mais macias.

Caneta hidrocor (hidrográfica)

Há diferentes tipos de canetas hidrográficas, umas com pontas mais finas, outras com pontas mais grossas. Elas surgiram há mais ou menos trinta anos para fins industriais. Mas com o aperfeiçoamento das fábricas acabaram se tornando ótimos produtos para representações gráficas.

Ao usar canetas hidrográficas para os desenhos, saiba que, de acordo com a inclinação da ponta (de feltro), poderá realizar traços mais finos ou mais grossos. Ao pintar com caneta hidrográfica, evite passar a ponta várias vezes sobre o mesmo lugar para não manchar o trabalho.

Elas podem ser utilizadas para desenhar linhas, cobrir superfícies etc.

Ao trabalhar com essas canetas, você deve se lembrar de que a tinta seca muito rápido; por isso, procure não deixá-las sem tampa.

Cola colorida

Tem dupla função: colar e pintar. Pode ser aplicada com pincel, esponja, espátula ou com o próprio bico aplicador. Tampe após o uso e lave os instrumentos de aplicação com água potável antes que a cola seque. Ela vem em estojo com seis cores.

Aguarde sempre o tempo certo para secagem para não estragar o trabalho. Esse material deve sempre ser aplicado por último, evitando borrões.

Cola *glitter*

Cola com brilho intenso para aplicação em cartolina, madeira, papelão e isopor.

Produto não tóxico, ideal para trabalhos escolares. Normalmente, o bico da embalagem serve como aplicador; aguarde sempre o tempo certo para secagem para não estragar o trabalho. Esse material deve sempre ser aplicado por último, evitando borrões.

Compasso

O compasso serve para traçar arcos e circunferências. É formado por duas pontas: ponta-seca e ponta riscante. A primeira é a que fixa o compasso no papel; a segunda é a que vai fazer o arco ou a circunferência. Existem alguns compassos em que, no lugar da ponta riscante, é possível colocar um lápis grafite ou uma caneta. Esses compassos são bastante úteis para as atividades de Arte.

Giz de cera

Os gizes de cera são barras de cera coloridas, em formatos e tamanhos diferentes, que contêm pigmentos antitóxicos. São bastante práticos e muito usados nas aulas de Arte.

Podemos trabalhar com giz de cera em diferentes superfícies, como papel, papelão, madeira, cartolina, cartão, lixa e outros materiais. Sua consistência é macia, e não é necessário aplicar grande pressão.

Pintando uma cor sobre a outra, podemos mesclá-las, conseguindo outras cores.

Técnicas para o uso do giz de cera

O giz de cera proporciona pintura mais rústica que o lápis de cor e pode ser usado na horizontal sobre o papel, criando efeito de textura.

O resultado final da pintura com giz de cera é brilhante.

Leo Fernandes/Shutterstock

Guache

A tinta guache é uma mistura à base de água, goma arábica (aglutinante), pigmento colorido em pó e pigmento branco opaco.

Existe guache em pote de vidro, de plástico e em bisnaga.

O guache pode ser aplicado em diversos materiais, como papel, tecido, couro etc.

Como e o que pintar com guache

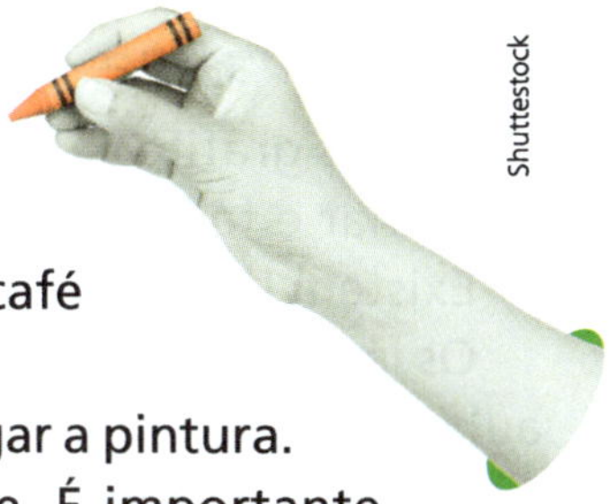

Shutterstock

Para pintar com guache, são necessários:

- Pincéis roliços ou chatos, de preferência de pelos macios.
- Recipientes para colocar as tintas; pode ser pires de chá ou de café ou bandejas de isopor.
- Copo de plástico para lavar os pincéis e retalhos de pano para enxugar a pintura.

Atenção! Qualquer tipo de desenho pode ser pintado com guache. É importante esperar uma cor secar bem para aplicar outra.

Não se deve deixar a tinta muito líquida; ela deve ficar meio pastosa, consistente.

Como proceder para pintar com guache

Para começar, forre a mesa em que será feito o trabalho.

Para preparar a tinta, coloque a cor escolhida em um pires e adicione algumas gotas de água.

Para pintar, molhe o pincel na tinta, tendo cuidado para não o usar em cores diferentes, sem antes lavá-lo.

Deixe o desenho secar e evite colocar os dedos sobre ele para não manchar. Terminado o trabalho, lave o pincel e enxugue-o em um retalho de pano.

Ao terminar a pintura, limpe sempre o local onde trabalhou.

Feche bem os vidros de tinta, limpe o pincel e lave com água o recipiente usado no trabalho.

Lápis de cor

Os lápis de cor são recobertos de madeira, têm pontas coloridas e são usados para pintar.

Shutterstock

As cores dos lápis de cor são miscíveis, ou seja, se você sobrepuser uma cor sobre outra, obterá uma nova cor. A coloração da pintura – forte, escura, clara ou esfumaçada – vai depender da maneira como pressionarmos a mão sobre o papel.

Podemos obter diferentes efeitos usando os lápis de cor.

Para pintar um espaço de fundo com cor suave, experimente usar o lápis da seguinte forma: aponte o lápis da cor desejada, derramando o pó da grafite sobre o papel. Então, com um pedaço de algodão, espalhe a cor sobre o papel.

Lápis de cor aquarelável

O lápis de cor aquarelável tem miolo mais grosso e solúvel em água. É indicado para desenvolver as técnicas de aquarela.

- Técnica do pincel úmido: use o lápis de cor aquarelável sobre o papel e passe sobre a pintura um pincel limpo e úmido. Cada vez que for passar o pincel sobre uma nova cor, lave-o bem, para que não manche seu trabalho.
- Técnica do papel úmido: umedeça levemente uma folha de papel com um pincel. Enquanto o papel estiver úmido, desenhe com o lápis aquarelável.
- Técnica da aguada: pinte o contorno do desenho com lápis aquarelável e, depois, com a ajuda de um pincel úmido, "arraste" a cor da borda para dentro do desenho.

Um fator importante no uso do lápis aquarelável é o papel, que deve ser mais grosso, pois, se for muito fino, pode enrugar.

Lápis grafite

O lápis grafite é o material mais usado nas atividades artísticas. Com ele, podemos escrever, desenhar e fazer sombreados.

Existem lápis e cargas para lapiseiras de diferentes graduações.

Os lápis que têm grafites mais duras servem para desenhos de mais precisão. Porém, para as aulas de Arte, indicamos as mais macias, pois são fáceis de apagar. As grafites são adquiridas, em geral, em papelarias, nas mais variadas graduações. Existe uma numeração para indicar a graduação. Observe:

Para desenho artístico, esboço:

Para desenho, escrita em geral:

Para desenho técnico, aplicações sobre papel vegetal:

Lembre-se:
B = mole (macio);
F = fino (ponta fina);
HB = médio; H = duro.

Shutterstock

Papel

Para desenhar, utilizamos papéis, que podem ser classificados em:

- Transparentes: aqueles que nos permitem ver o desenho ou a fotografia colocada debaixo deles. Podem ser sintéticos ou vegetais.
- Opacos: aqueles que não nos permitem ver o desenho ou a fotografia colocada debaixo deles. Podem ser rugosos, acetinados ou lisos.

Pincel

Um pincel é formado por três partes: o cabo, a virola e a ponta.

Os **cabos**, dependendo da finalidade, podem ser longos ou curtos.

É importante trabalhar com estabilidade e equilíbrio. Por isso, para pintura a guache, aquarela e tinta acrílica, os cabos geralmente são mais curtos. Já para pintura a óleo, são mais longos.

A **virola** é a parte que liga o cabo à ponta do pincel. Em geral, é de alumínio ou latão.

Para as **pontas**, são usados, normalmente, filamentos sintéticos, indicados para pinturas acrílicas, por serem bastante resistentes.

A montagem de um pincel é quase um trabalho artesanal.

Observe os formatos dos pincéis na imagem quanto à ponta.

Normallens/Shutterstc

Cuidados com os pincéis

Após o uso, deve-se retirar toda a tinta do pincel. Se a tinta for guache, aquarela ou acrílica, basta lavá-lo com água e sabão neutro e enxugá-lo bem. Se a tinta for a óleo, remova-a com um solvente, depois lave o pincel com água e sabão neutro e enxugue-o.

Deixe o pincel secar apoiado pelo cabo e, com os dedos, modele-o no formato original.

Régua

A régua é um instrumento que serve para medir segmentos de reta. Existem réguas de madeira, de plástico opaco ou transparente, de metal etc. Na borda da régua, há as graduações em centímetros e milímetros. Para os trabalhos de Arte, indicamos uma régua transparente de 30 cm.

Tinta acrílica

A tinta acrílica tem consistência cremosa e é solúvel em água. Porém, depois de seca, forma uma camada plástica resistente, que não se dilui mais.

Essa tinta não é tóxica, mas é preciso ter cuidado com a roupa quando se está pintando, pois, depois de seca, é quase impossível ser lavada.

Os pincéis ideais são os chatos e de pelos mais firmes, que devem ser lavados assim que se terminar a pintura, para que não se estraguem.

Para a tinta acrílica, recomenda-se usar como suporte uma bandeja de isopor, dessas que servem de embalagem para frios ou outros alimentos; desse modo, após usada, pode ser descartada.

Procure seguir esses passos ao pintar uma tela com tinta acrílica:

1) Escolha o desenho que quer pintar.
2) Desenhe-o na tela com lápis grafite (2B).
3) Separe as cores de que vai precisar e coloque pequenas quantidades no suporte que preparou (bandejas de isopor). A tinta acrílica seca rápido, por isso coloque pequenas quantidades e vá repondo apenas as cores necessárias, evitando desperdício de material.
4) Comece sempre pintando o fundo, de cima para baixo, evitando se sujar.
5) Deixe os detalhes para o final, principalmente se for usar uma cor mais escura.
6) A tinta deve deslizar na tela; se sentir necessidade, umedeça o pincel quantas vezes forem necessárias, mas evite deixar a tinta muito aguada, a não ser que deseje fazer um efeito aquarela.

Se você errar o desenho, não se preocupe. Use borracha para apagar. Se mesmo assim os riscos não "sumirem", passe uma fina camada de tinta branca para cobri-los e, a seguir, pinte com as cores de sua preferência.

LISTA DO MATERIAL UTILIZADO NESTE VOLUME

- Água.
- Apontador.
- Aquarela em pastilha.
- Bandejas de isopor.
- Bolinhas de isopor.
- Borracha.
- Câmera digital ou *smartphone*.
- Caneta esferográfica.
- Caneta dourada.
- Caneta hidrocor preta e colorida.
- Caneta preta permanente.
- Canetas coloridas.
- Cola em bastão.
- Cola líquida.
- Cola *glitter* dourada.
- Cola quente (opcional).
- Copo para água.
- Estilete (opcional).
- Fios de lã.
- Fita adesiva colorida.
- Fita-crepe.
- Foto impressa.
- Garrafas PET de 250 ml, 600 ml e tamanhos variados.
- Giz de cera.
- Grampeador.
- Grãos.
- Imagem de obra de arte.
- Jornal.
- Lápis de cor aquarelável.
- Lápis de cor.
- Lápis grafite macio (nº 2 ou B).
- Massa de modelar com argila.
- Material de pintura livre.
- Meia.
- Palitos para churrasco.
- Pano ou papel para limpeza.
- Papéis diversos.
- Papel-cartão de 13 cm × 13 cm.
- Papel *contact* transparente.
- Papelão de 20 cm × 20 cm e de 30 cm × 30 cm.
- Pedaços de papelão.
- Pincéis de cerdas macias.
- Pincel chato nº 10 ou nº 12.
- Pincel redondo macio nº 4, nº 8, nº 10 e nº 12.
- Purpurina dourada.
- Recipiente para água.
- Retalhos de tecido, de fitas e de outros materiais.
- Revistas.
- Rolinho de espuma.
- Rolo de papel higiênico vazio.
- Tela de 15 cm × 20 cm ou de 20 cm × 30 cm.
- Tesoura com pontas arredondadas.
- Tinta acrílica de cores diversas.
- Tinta guache de cores diversas.
- Tira de papel.
- Vareta de madeira.

BIBLIOGRAFIA

ABREU, Regina; CHAGAS, Mário (Org.). *Memória e patrimônio:* ensaios contemporâneos. Rio de Janeiro: DP&A, 2003.

ACERVO Museu Nacional de Belas Artes. São Paulo: Banco Santos, 2002.

ANTUNES, Arnaldo. As trilhas de um corpo. In: *Lições de dança 2*. Rio de Janeiro: UniverCidade, 2000. p. 11-25.

APPLE, Michael W. *Educação e poder*. Maria Cristina Monteiro (Trad.). Porto Alegre: Artes Médicas, 1989.

ARTISTAS plásticos no Ballet IV Centenário. In: AMARAL, Glaucia (Org.). *Fantasia brasileira*: o Balé do IV Centenário. São Paulo: Sesc, 1998. p. 170-175.

BARBOSA, Ana Mae. *Inquietação e mudanças no ensino da Arte*. São Paulo: Cortez, 2002.

BASBAUM, Sergio Roclaw. *Sinestesia, arte e tecnologia*: fundamentos da cromossonia. São Paulo: Annablume, 2002; São Paulo: Cortez, 2002.

BERTHOLD, Margot. *História mundial do teatro*. São Paulo: Perspectiva, 2000.

BREGOLATO, Roseli Aparecida. *Cultura corporal da dança*: livro do professor e do aluno. São Paulo: Ícone, 2000. p. 181.

CAMPBELL, Joseph. *Para viver os mitos. São Paulo*: Cultrix, 1997.

CARDOSO, Rafael. *Uma introdução à história do design*. São Paulo: Editora Edgard Blucher, 2008.

CHACRA, Sandra. *Natureza e sentido da improvisação teatral*. São Paulo: Perspectiva, 1983.

COHEN, Renato. Da linguagem: *performance-collage* como estrutura. In: ______. Performance *como linguagem*. São Paulo: Perspectiva, 2002. p. 47-89.

CONNOR, Steven. *Cultura pós-moderna*: introdução às teorias do contemporâneo. São Paulo: Loyola, 1992.

COURTHEY, Richard. *Jogo, teatro e pensamento*: as bases intelectuais do teatro na educação. São Paulo: Perspectiva, 1980.

CROSS, Jack. *O ensino de Arte nas escolas*. São Paulo: Cultrix/Edusp, 1983.

DENIS, Rafael Cardoso. Introduction: academic narratives. In: *Art and the academy in the nineteenth century*. Reino Unido: Manchester University Press, 2000. p.1-11.

EULÁLIO, Alexandre. O século XIX. In: *Catálogo da exposição "Tradição e Ruptura"*. São Paulo: 1984.

EURENZWEIG, Anton. *A ordem oculta da arte*: Um estudo sobre a psicologia da imaginação criadora. Rio de Janeiro: Zahar, 1969.

FERNANDES, Iveta Maria Borges Ávila, *Brincando e Aprendendo*: Um novo olhar para o ensino da música. São Paulo: Cultura Acadêmica, 2010.

FISCHER, Ernst. *A necessidade da arte*. Rio de Janeiro: Zahar, 1976.

FLORENTINO, Adilsom; TELLES, Narciso. *Cartografias do ensino de teatro*: das ideias às práticas. Uberlândia: Udufo, 2008.

FONTANEL, Brassart. *A prática da expressão plástica*. São Paulo: Martins Fontes, 1984.

FONTCUBERTA, Joan. *A câmera de pandora*: a fotografia depois da fotografia. São Paulo: G. Gilli, 2012.

GAGNARD, Madeleine. *Iniciação musical dos jovens*. Lisboa: Estampa, 1981.

GOMBRICH, E. H. *Norma e forma*. São Paulo: Martins Fontes, 1990.

HARVEY, D. *Condição pós-moderna*. São Paulo: Loyola, 1992.

HOBSBAWM, Eric. *Era dos extremos*: o breve século XX (1914-1991). São Paulo: Companhia das Letras, 1995.

HOWARD, Walter. *A música e a criança*. São Paulo: Summus, 1984.

JENKINS, Henry. *Cultura da convergência*. São Paulo: Aleph, 2009.

KANDINSKY, Wassily. Sobre a questão da forma. In: *Olhar sobre o passado*. São Paulo: Martins Fontes, 1991.

KNELLER, George F. *Arte e ciência da criatividade*. São Paulo: Ibrasa, 1973.

KOUDELA, Ingrid Dormien. *Jogos teatrais*. São Paulo: Perspectiva, 1984.

LABAN, Rudolf. *Domínio do movimento*. São Paulo: Summus, 1978.

LEITE, Luiza Barreto et al. *Teatro é cultura*. Rio de Janeiro: Brasília/Rio, 1976.

LEITE, Marcos. *Método de canto popular brasileiro para vozes médio-agudas*. Rio de Janeiro: Lumiar, 2001.

MACHADO, Arlindo. *Arte e mídia*. Rio de Janeiro: Jorge Zahar, 2007.

MACKINTOSCH, Alastair. *O simbolismo e o* art-nouveau. Barcelona: Labour, 1977.

MALTESE, Conrado. *Realismo e verismo nella pittura italiana dell'Ottocento*. Milão: Fratelli Fabri Editori, 1967.

MARCHESINI, Elisabete. *Metodologia de pesquisa*: abordagem teórico-prática. Campinas (SP): Papirus, 2000.

MARTINEZ, Emanuel; SARTORI, D.; GORIA, P.; BRACK, R. *Regência coral*: princípios básicos. Curitiba: Dom Bosco, 2000.

MARTINS, Raimundo; TOURINHO, Irene (Org.). *Educação da cultura visual*: narrativas de ensino e pesquisa. Santa Maria: UFSM, 2009.

MASON, Rachel. *Por uma arte-educação multicultural*. Campinas (SP): Mercado das Letras, 2001.

MONTEVERDI, Mario. *Storia della pittura italiana dell'Ottocento*. Milão: Bramente Editrice,1984.

MORAN, J.M. *Como ver televisão: leitura crítica aos meios de comunicação*. São Paulo: Paulinas, 1991.

MOREIRA, Paulo Roberto. *Psicologia da educação*. São Paulo: FTD, 1994. (Coleção Aprender e Ensinar).

MÜLLER, V. B. Ações sociais em educação musical: com que ética, para qual mundo? *Revista da ABEM*. Porto Alegre, n. 10, p. 53-58.

OLIVEIRA, Sandra Regina Ramalho; MAKOWIECK, Sandra (Org.). *O estado da arte da pesquisa em Artes Plásticas no Brasil*. Florianópolis: Udesc, 2008.

PAREYSON, Luigi. *Os problemas da estética*. São Paulo: Martins Fontes, 1984.

PILLAR, A. D. *Desenho e escrita como sistemas da representação*. Porto Alegre: Penso, 2012.

PINHO, Diva Benevides. *A arte como investimento: a dimensão econômica da pintura*. São Paulo: Edusp, 1989.

PULS, Maurício. *O significado da pintura abstrata*. São Paulo: Perspectiva, 1998.

REVERBEL, Garcia Olga. *Jogos teatrais na escola*. São Paulo: Scipione, 1993.

______. *Teatro na escola*. São Paulo: Scipione, 1989.

RICHTER, Ivone Mendes. *Interculturalidade e estética do cotidiano no ensino das artes visuais*. Campinas (SP): Mercado de Letras, 2003.

ROBINSON, R.; Winold, A. *The choral experience*. New York: Harper's, 1976.

SANTAELLA, Lucia. *A ecologia pluralista da comunicação: conectividade, mobilidade, ubiquidade*. São Paulo: Paulus, 2010.

SILVA, U. R.; Loreto, M: L. S. *Elementos de estética*. Pelotas: Educarte, 1995.

SOUZA, Alcídio M. de. *Artes plásticas na escola*. Rio de Janeiro: Blóch Educação, 1997.

STANGOS, Nikos. *Conceito da arte moderna*. Rio de Janeiro: Zahar, 2000.

TUCKER, William. *A linguagem da escultura*. São Paulo: Cosac Naify, 2012.

VIADEL, Ricardo Marin (Org.). *Investigación en Educación Artística*: Temas, métodos y técnicas de indagación sobre el aprendizaje y la ensenanza de las Artes y culturas visuales. Sevilla: Universidad de Granada, Universidad de Sevilla. Serie: Ciencias de la Educación, n. 25, 2005.

VIDOR, Heloise B. *Drama e teatralidade*: o ensino do teatro na escola. Porto Alegre: Mediação, 2010.

ZUMTHOR, Paul. *Escritura e nomadismo*: entrevistas e ensaios. Jerusa Pires Ferreira e Sonia Queiroz (Trad.). Cotia (SP): Ateliê Editorial, 2005.